大きな文字で
わかりやすい

小学生で習う漢字1026字

5年
193字

この漢字の本は、小学校で学ぶ漢字1026字を大きなわかりやすい文字で掲載し、形や読み、使い方が覚えやすいように配慮した漢字の見本帳です。

1年～6年の各学年の配当別に漢字を紹介する巻と、索引巻の全7巻構成です。

漢字の本の引き方

本書の漢字は、音読みの五十音順に掲載しています。ページ内の読みの掲載順は、訓読みを先、音読みを後にしています。これは、訓読みのほうが和語で漢字の意味がわかりやすく、覚えやすいという配慮からです。引きにくいかもしれませんが、ご了承ください。

漢字の掲載巻・掲載ページにたどりつけないときは、索引巻の中の「音訓索引」を参照してください。

ページの見方

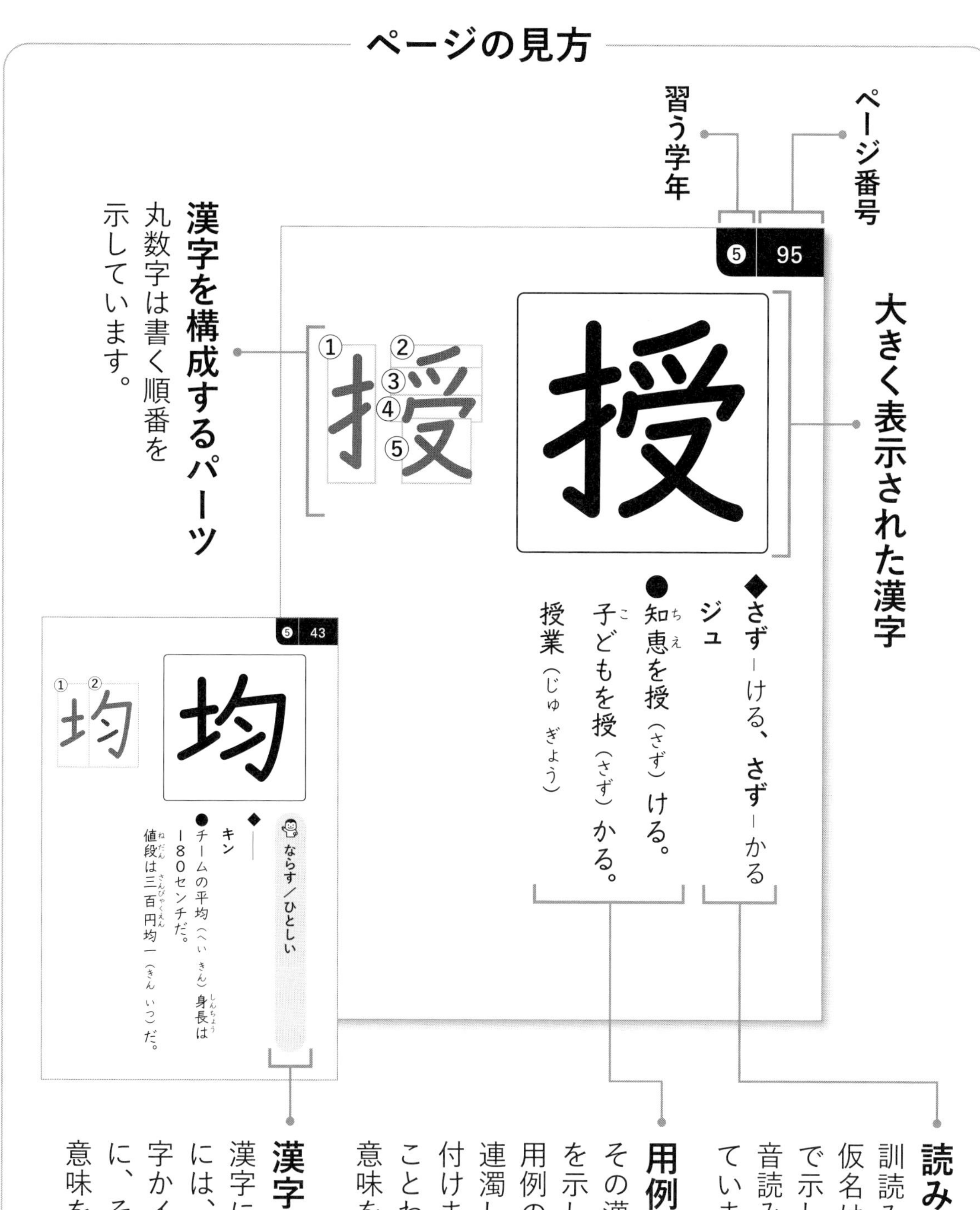

読み

訓読みは、ひらがな（送り仮名は「—」以下の細い字）で示しています。音読みは、カタカナで示しています。

用例

その漢字を使った言葉や文を示しています。用例の読みが促音化したり連濁した箇所には「*」を付けました。ことわざや難しい熟語には意味を掲載しています。

漢字の大元（おおもと）の意味

漢字に音読みしかない場合には、どんなときに使う漢字かイメージしやすいように、その漢字のもつ大元の意味を掲載しました。

5年 もくじ

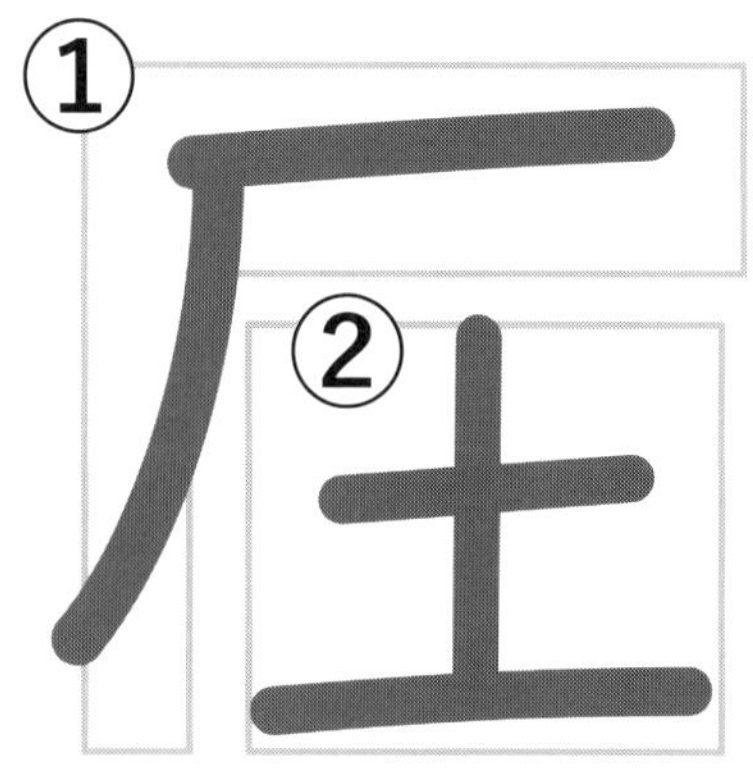

おさえつける

◆
—
アツ

●気圧（きあつ）
圧力（あつりょく）を加（くわ）える。

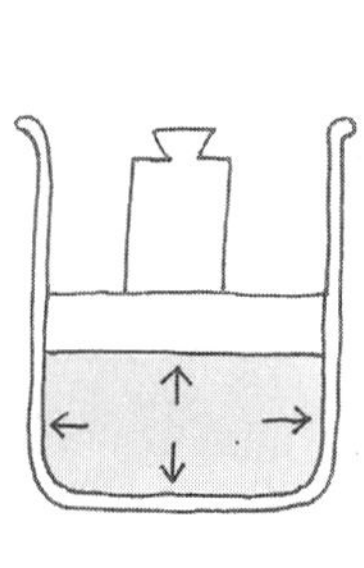

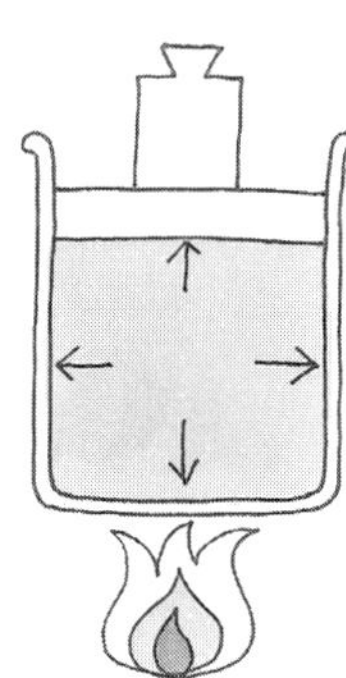

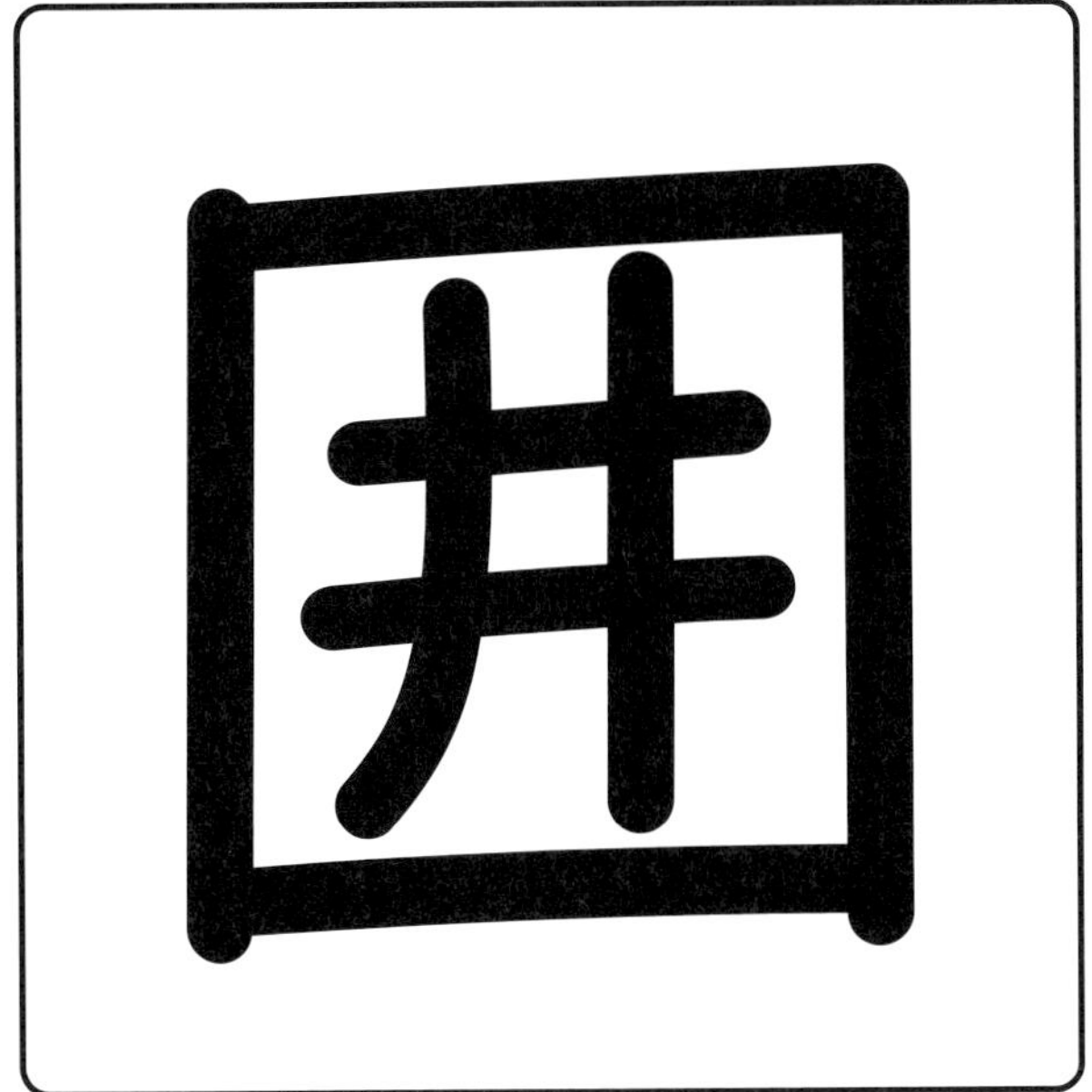

◆**かこ**－む、**かこ**－う

イ

●子(こ)どもたちが先生(せんせい)を囲(かこ)む。

周(まわ)りをロープで囲(かこ)う。

周囲(しゅうい)

◆**うつ**－る、**うつ**－す

イ

●別（べつ）の部屋（へや）に移（うつ）る。

料理（りょうり）を小皿（こざら）に移（うつ）す。

テーブルを移動（いどう）する。

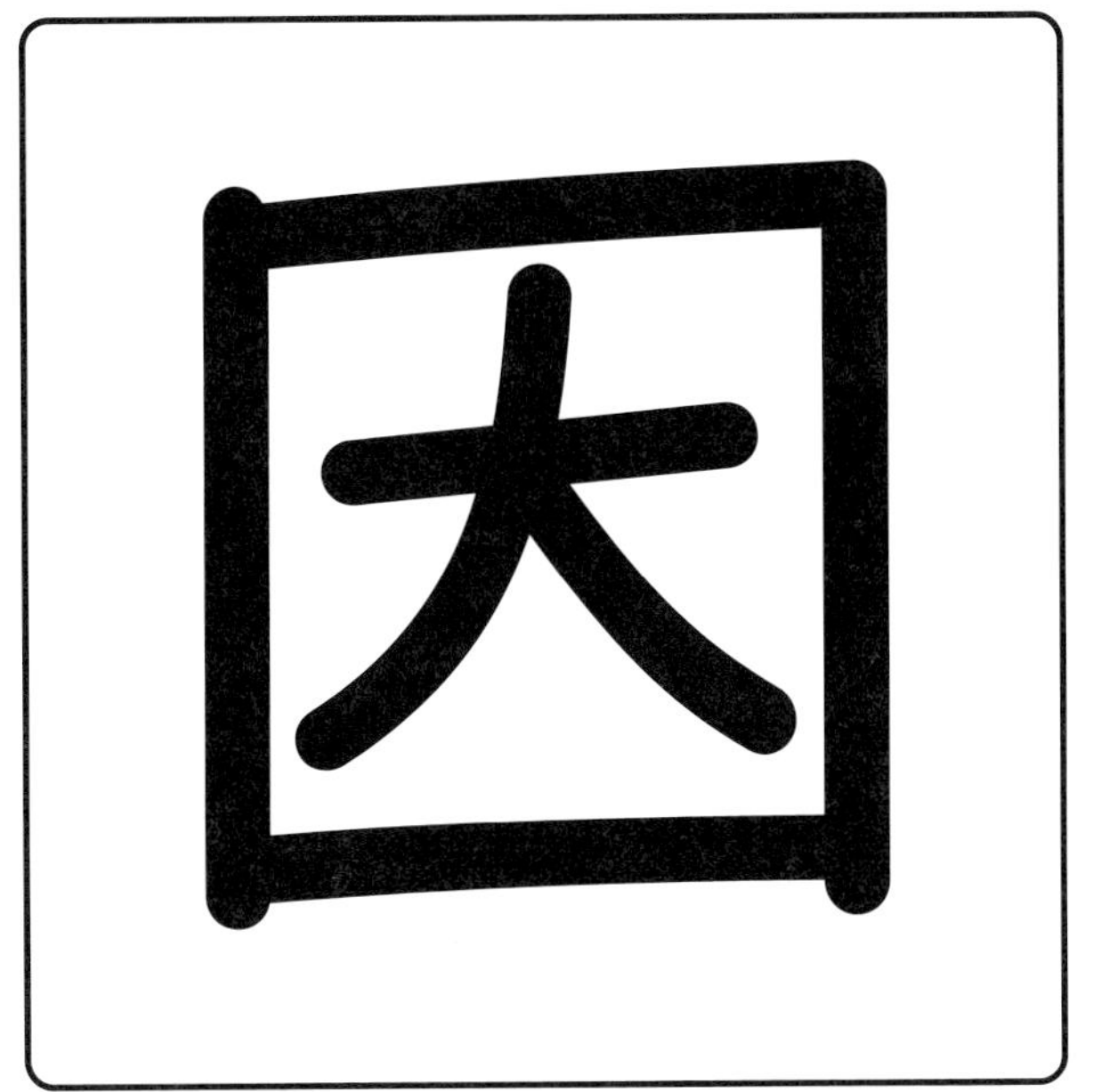

◆よ-る

イン

●不注意（ふちゅうい）に因（よ）る失敗（しっぱい）

事故（じこ）の原因（げんいん）

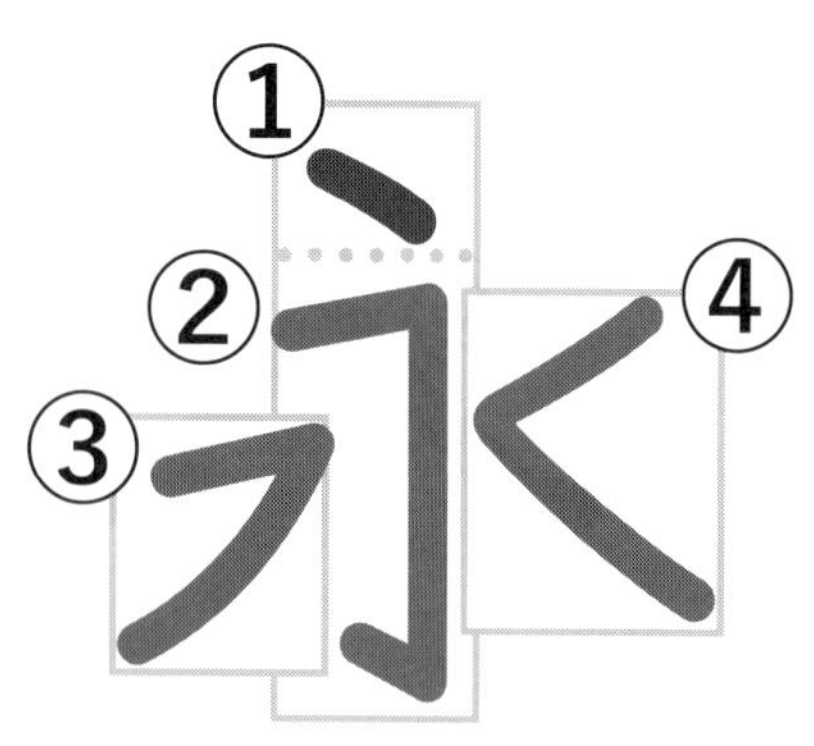

◆なが－い

エイ

●末(すえ)永(なが)い幸(しあわ)せをいのる。

永久（えいきゅう）

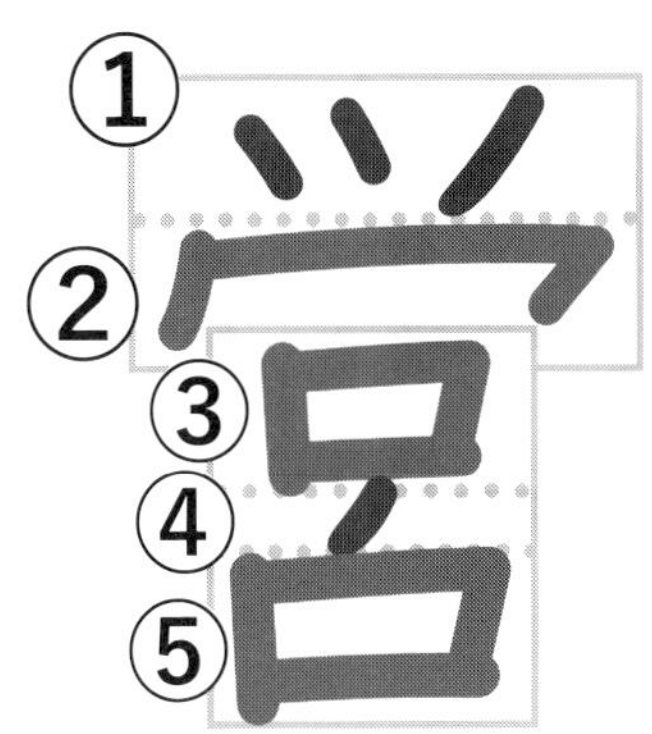

◆いとなーむ

エイ

●商店（しょうてん）を営（いとな）む。

会社（かいしゃ）を経営（けい えい）する。

営業（えい ぎょう）時間（じかん）

衛

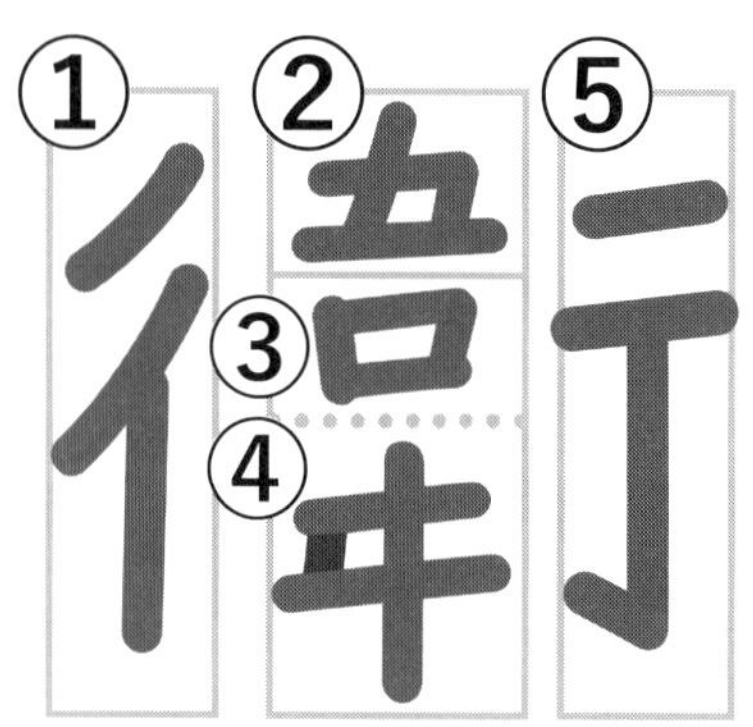

守(まも)る／まわる

◆ —

エイ

● 衛生的（えい せい てき）なくらし

王座(おうざ)を防衛（ぼう えい）する。

人工(じんこう)衛星（えい せい）

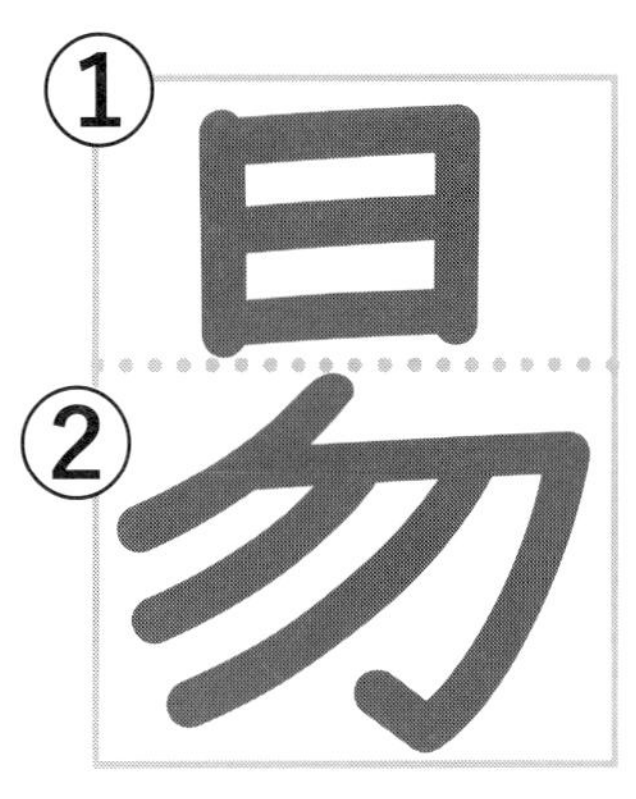

◆やさ－しい

エキ、イ

●易(やさ)しい問題(もんだい)

貿易(ぼうえき)

容易(ようい)に想像(そうぞう)がつく。

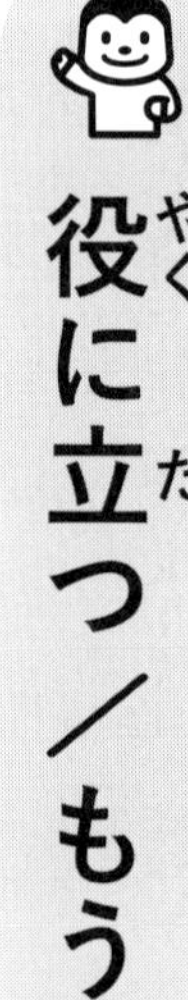

役(やく)に立(た)つ／もうけ

◆ ―
エキ、ヤク

● 大(おお)きな利益（りえき）が出(で)た。
有益（ゆうえき）な情報(じょうほう)を得(え)る。
神様(かみさま)のご利益（りやく）

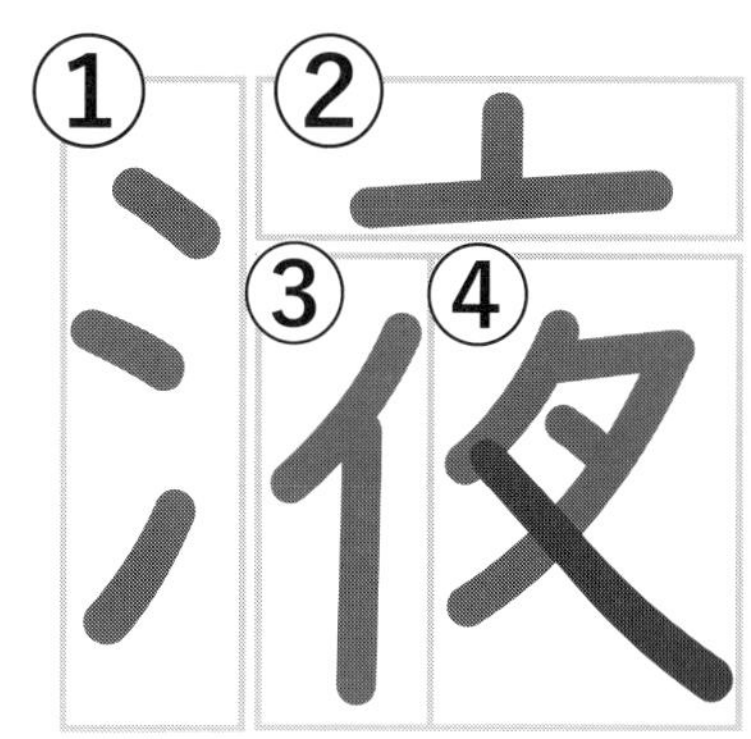

◆―

エキ

●血液（けつえき）

液体（えきたい）が固（かた）まる。

水（みず）のような状態（じょうたい）のもの

広(ひろ)める／人前(ひとまえ)で行(おこな)う

◆ —

エン

● 市長(しちょう)に講演（こう　えん）をお願(ねが)いする。

ピアノを演奏（えん　そう）する。

主役(しゅやく)を演（えん）じる。

① ② ③ ④

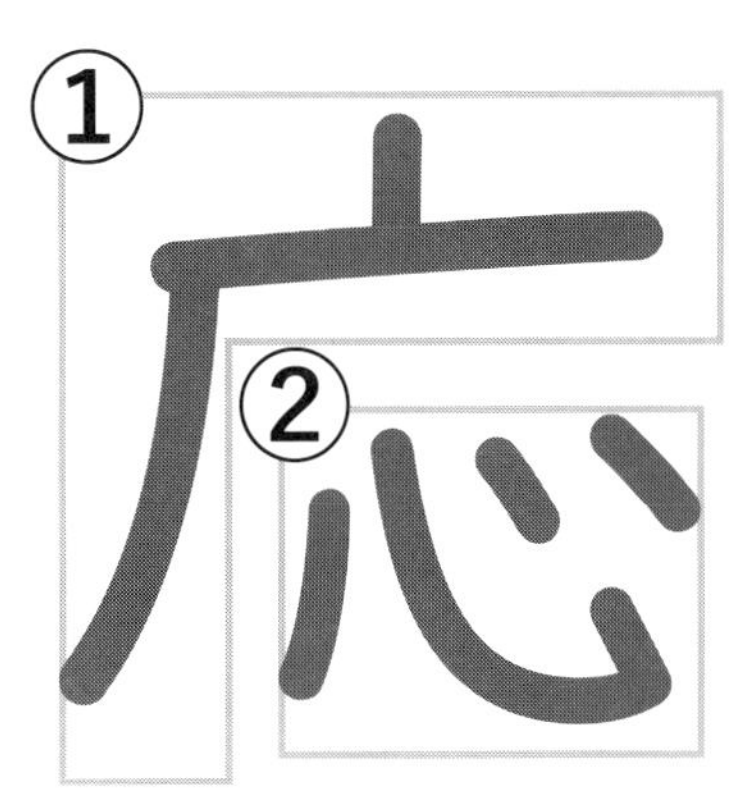

◆
―

オウ

●ベルを鳴(な)らしても応答(おうとう)がない。
応接室(おうせつしつ)
呼(よ)びかけに応(おう)じる。

こたえる／相手(あいて)になる

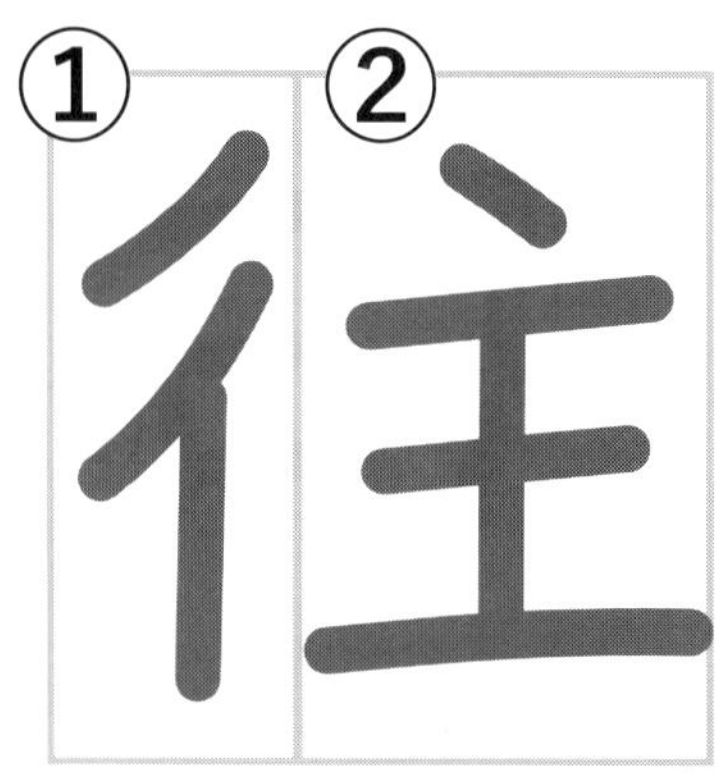

進(すす)んでゆく／むかし

◆ ―

オウ

● 二(ふた)つの町(まち)を往復（おう ふく）する。

往診（おう しん）を受(う)ける。

往年（おう ねん）のスター

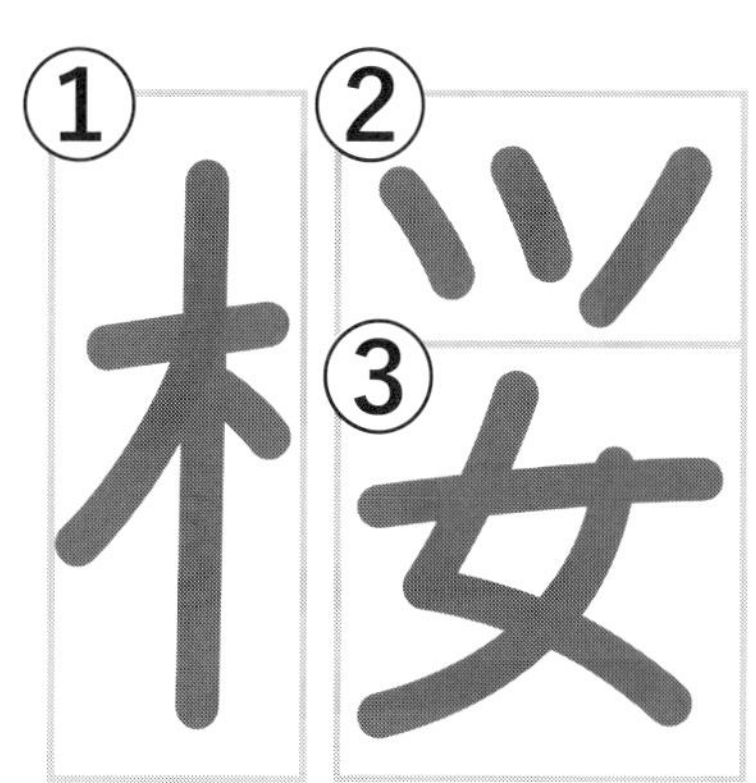

◆さくら

オウ

●桜（さくら）が満開（まんかい）だ。

桜花（おうか）

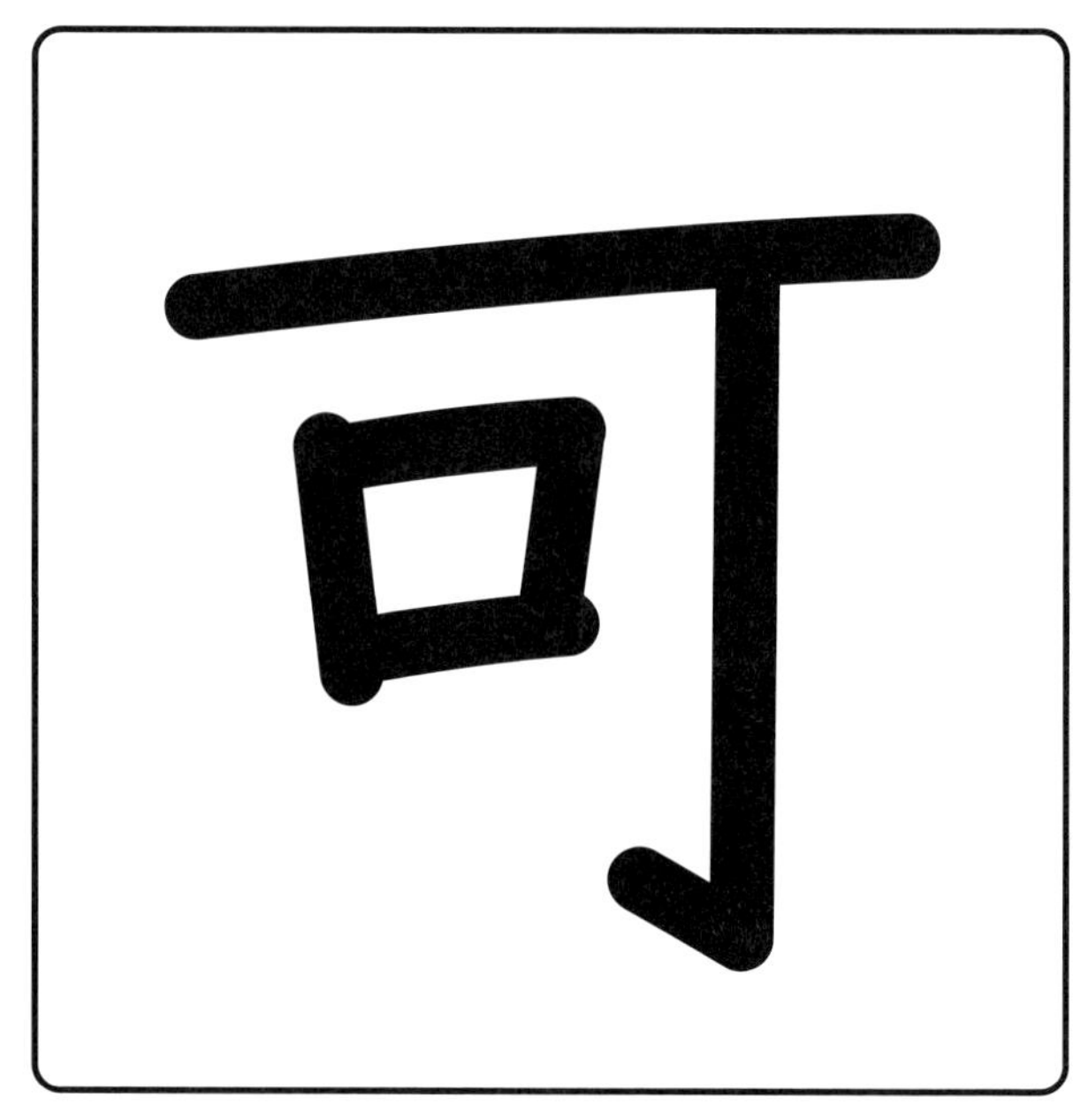

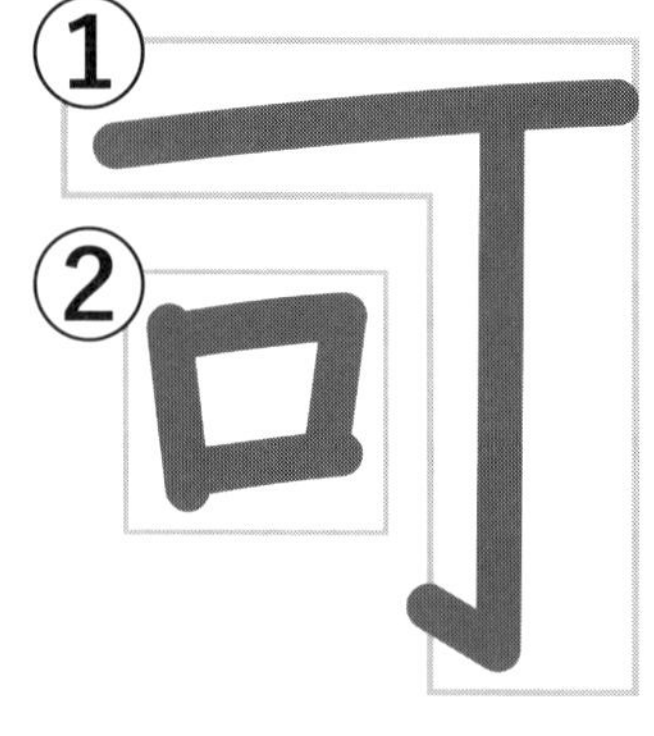

よしとして許す(ゆる)／できる

◆—

●カ

先生(せんせい)に許可（きょか）をもらう。

やり直(なお)すことは可能（かのう）だ。

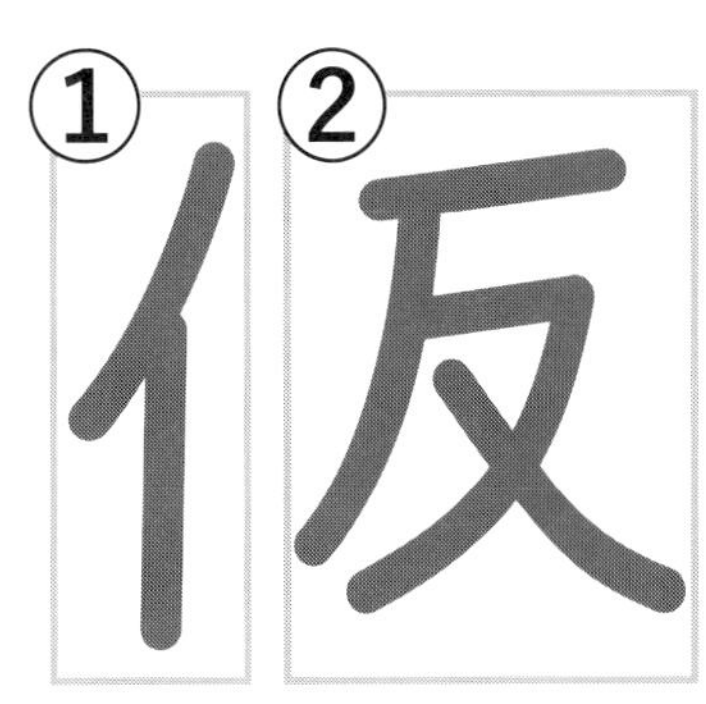

◆かり

カ、ケ

●仮(かり)の住(す)まい

仮設(かせつ)トイレ

ここにコップがあると仮定(かてい)する。

仮病(けびょう)を使(つか)って休(やす)む。

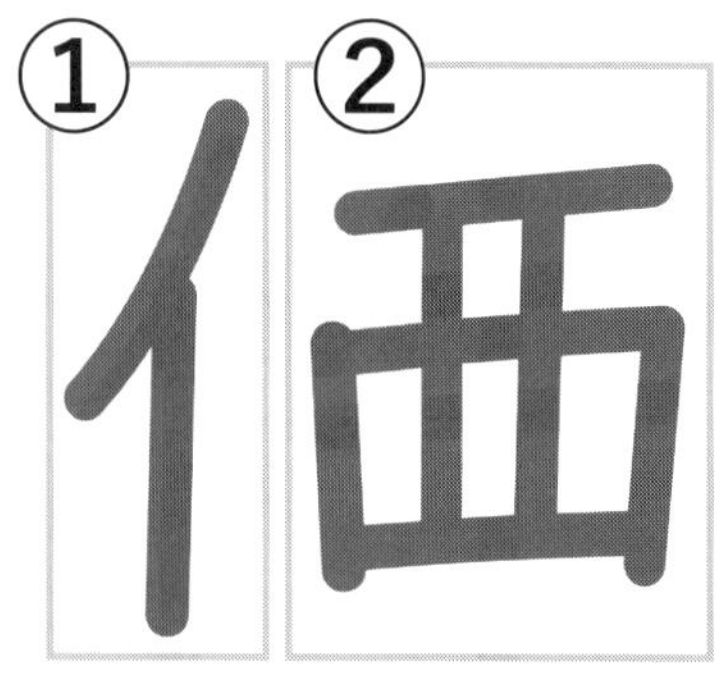

ねだん／ねうち

◆あたい

カ

●尊敬（そんけい）に価（あたい）する人（ひと）だ。

この本（ほん）は読（よ）む価値（かち）がある。

価格（かかく）

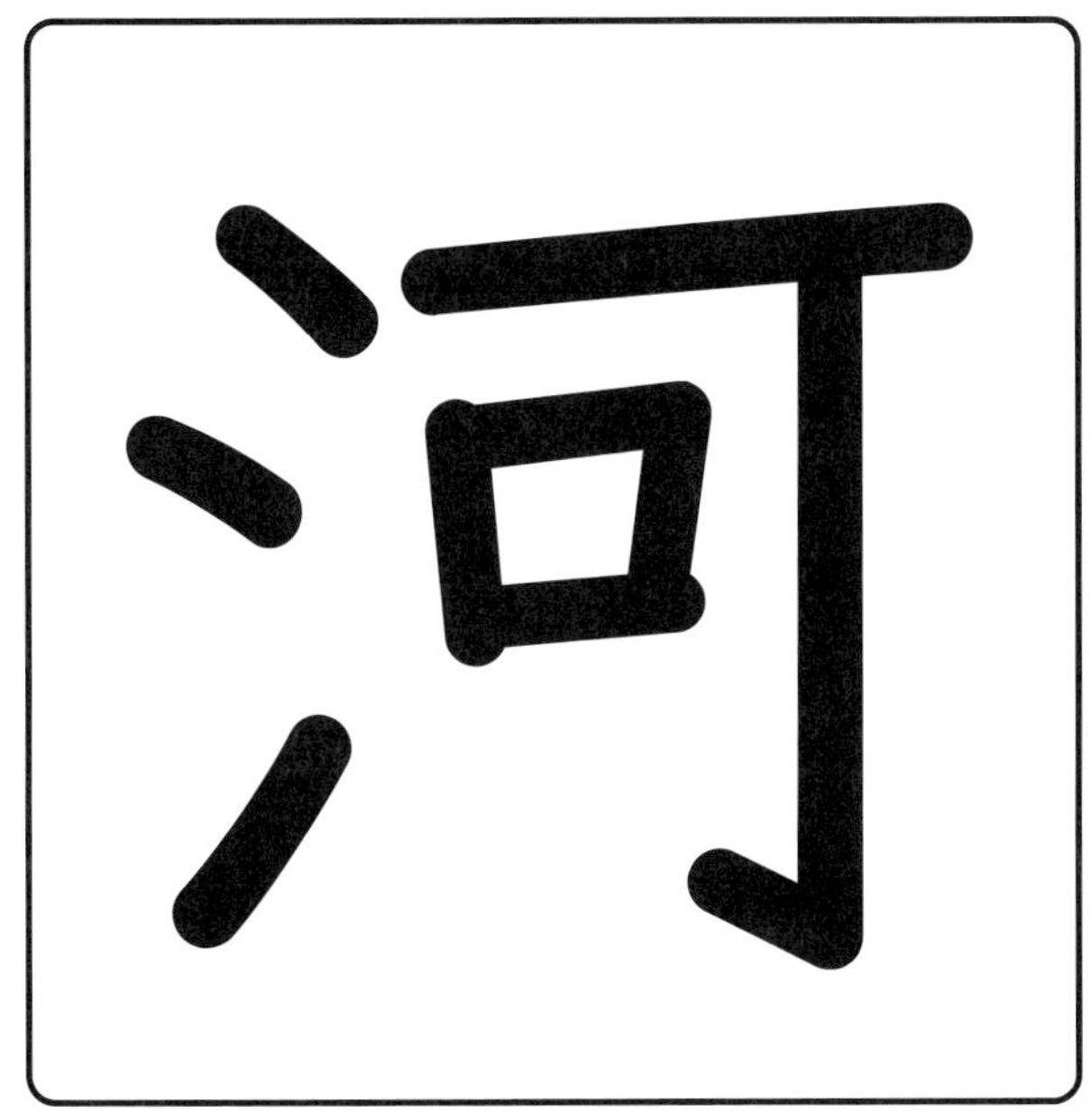

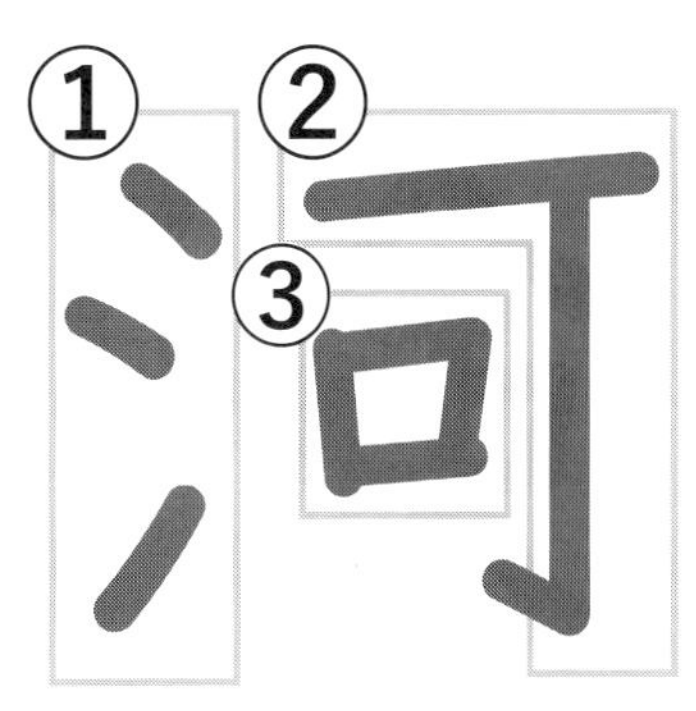

◆かわ

カ（ガ）

●河（かわ）のほとりに立（た）つ。

河川（かせん）

大河（たいが）

運河（うんが）

◆す－ぎる、す－ごす
あやま－つ、あやま－ち
カ

●一学期(いちがっき)の半分(はんぶん)が過(す)ぎる。
夏休(なつやす)みをいなかで過(す)ごす。
過(あやま)ちをおかす。
特急電車(とっきゅうでんしゃ)はこの駅(えき)を通過(つうか)する。

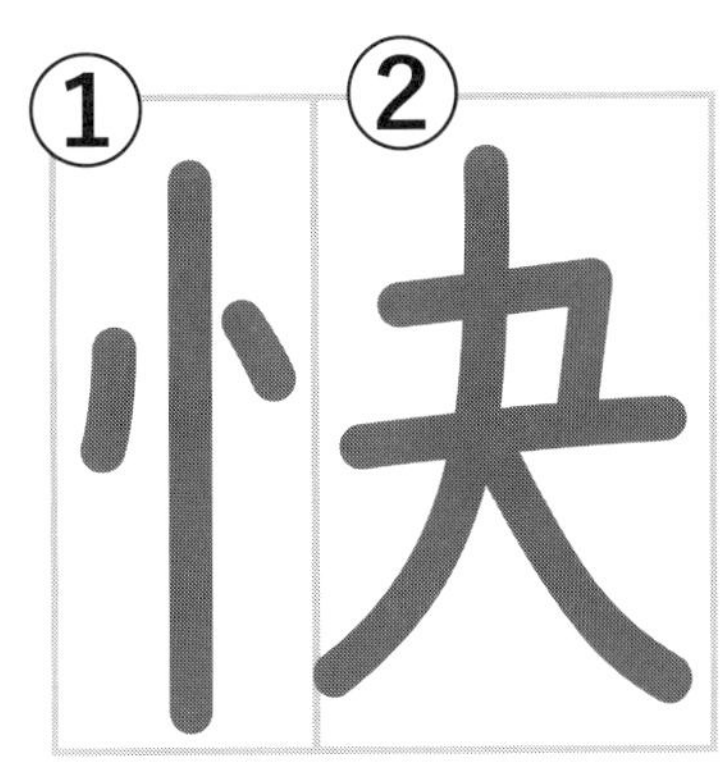

◆**こころよーい**

カイ

●快（こころよ）い返事（へんじ）

快晴（かいせい）

快速（かいそく）電車（でんしゃ）

解

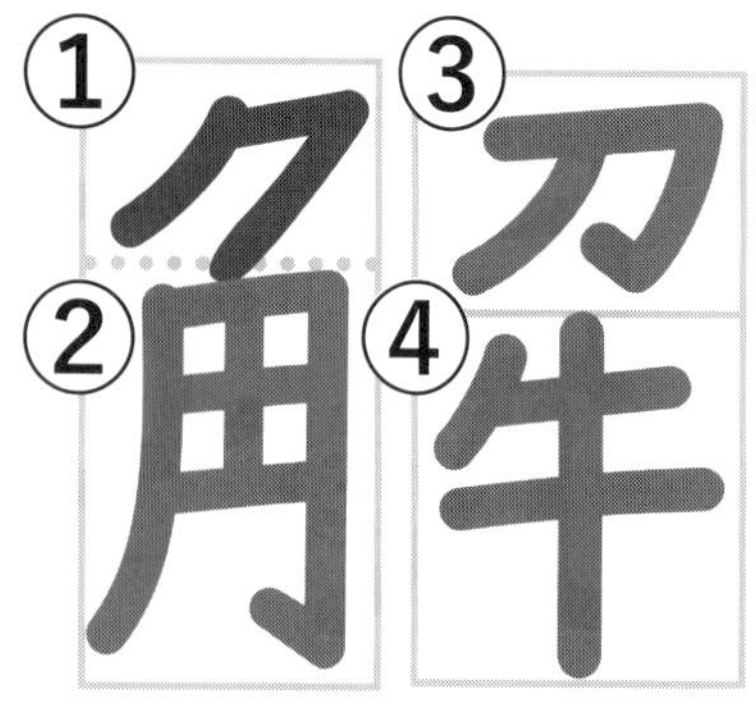

◆とーく、とーかす、とーける

カイ、ゲ

●問題（もんだい）を解（と）く。

なぞが解（と）ける。

問題（もんだい）の解答（かいとう）を書（か）く。

解熱剤（げねつざい）

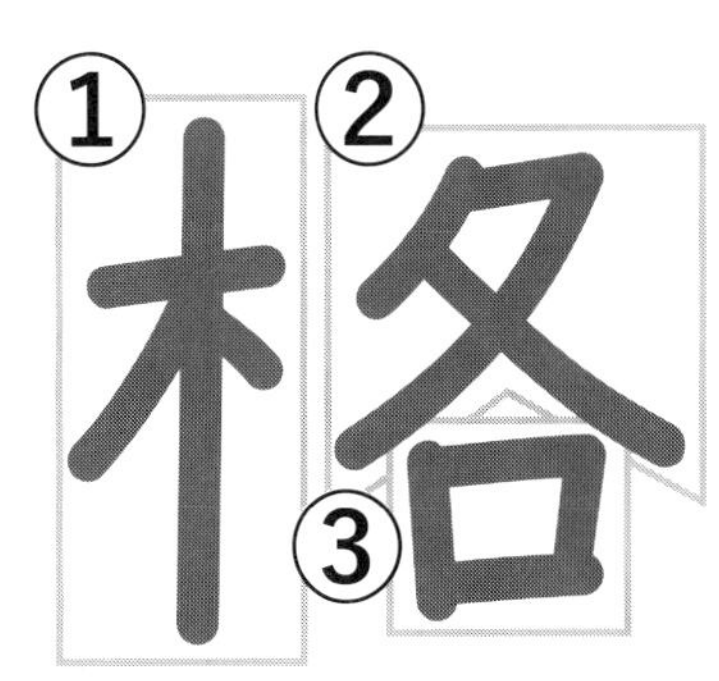

◆ ―

カク、コウ

● 格式（かくしき）が高（たか）い。

規格（きかく）

試験（しけん）に合格（ごうかく）する。

価格（かかく）

格子（こうし）のとびら

きまり／程度（ていど）／かたち

① ② ③

◆たしーか、たしーかめる

カク

●待(ま)ち合(あ)わせの時間(じかん)を確(たし)かめる。

確(たし)かに受(う)け取(と)った。

これは確実(かくじつ)な情報(じょうほう)だ。

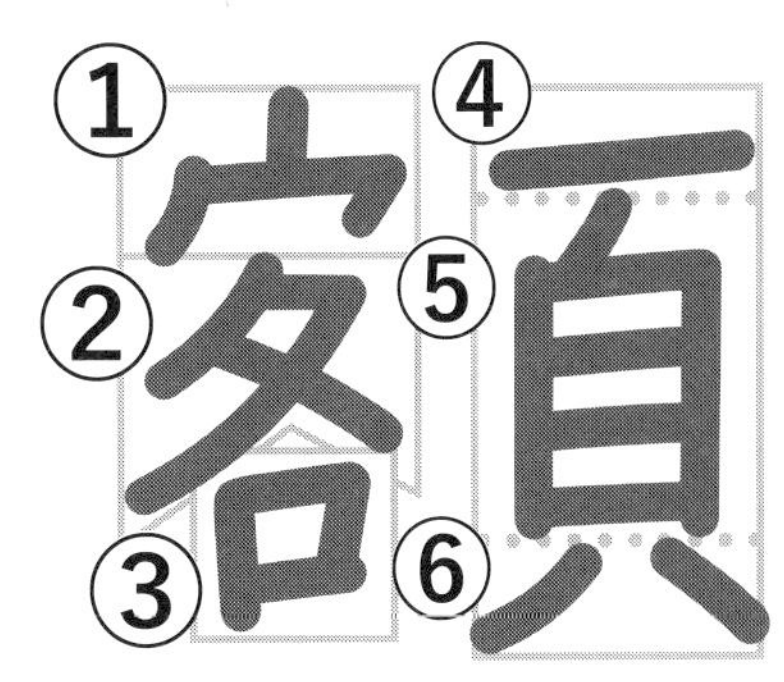

◆ひたい
ガク

●額（ひたい）に傷（きず）がある。
金額（きんがく）

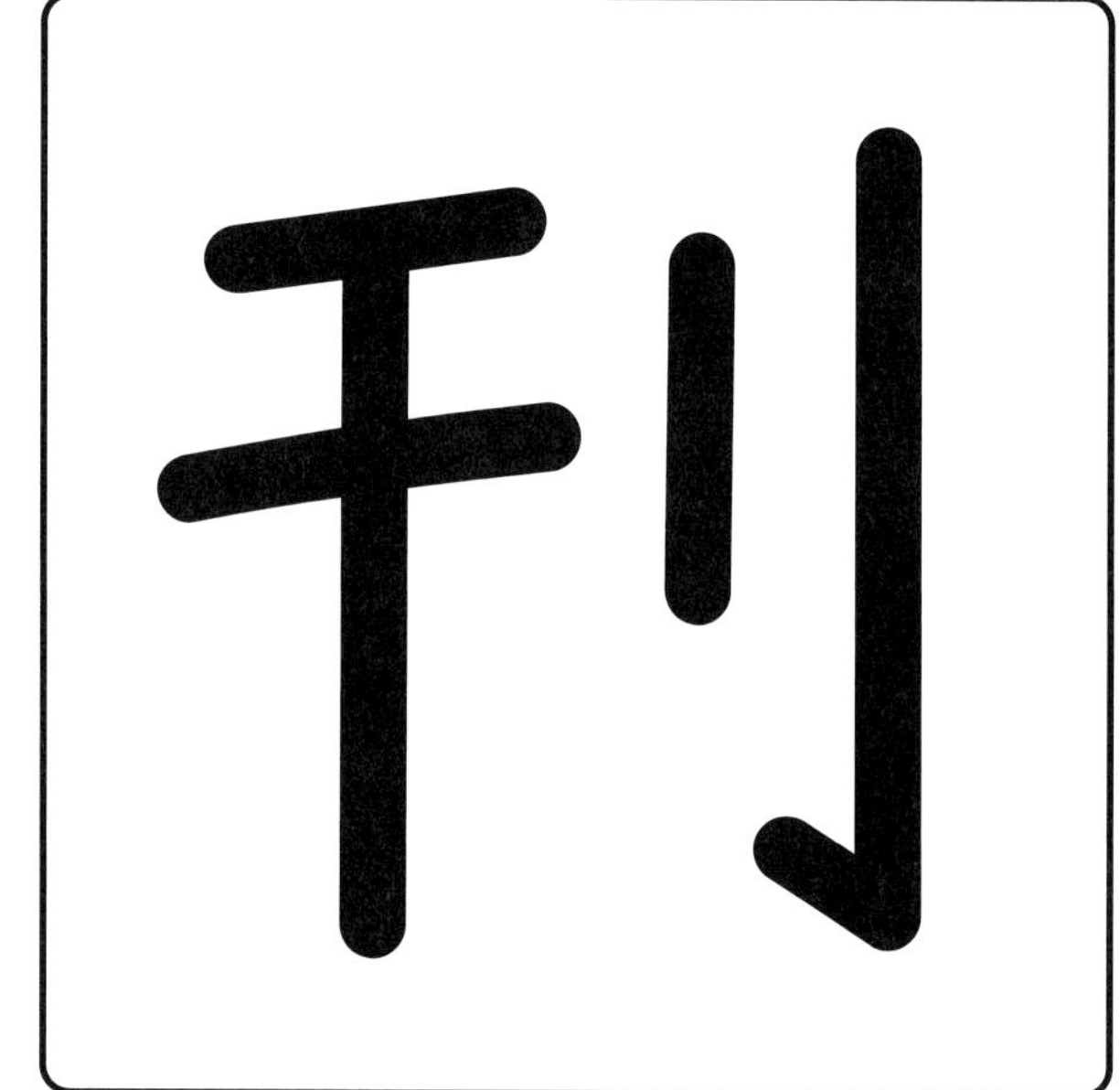

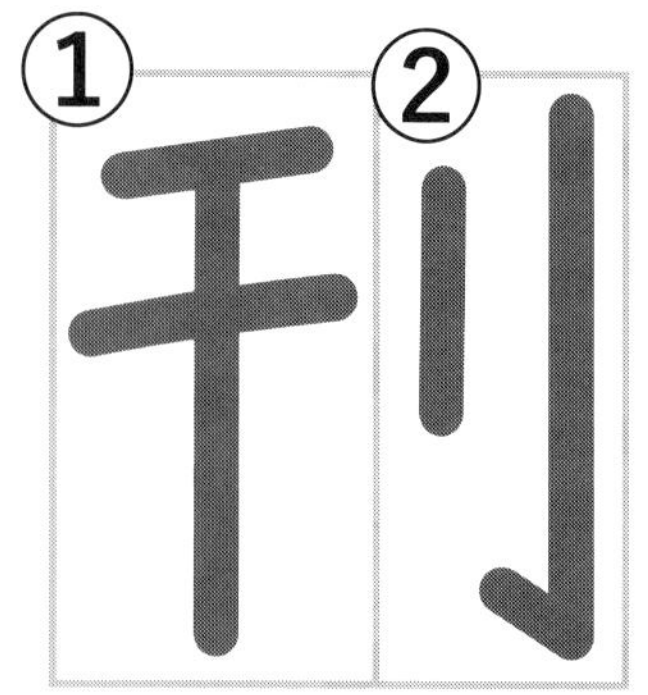

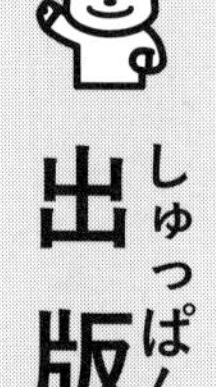

出版（しゅっぱん）する

◆ ―

カン

●本（ほん）を刊行（かんこう）する。

月刊（げっかん）の雑誌（ざっし）

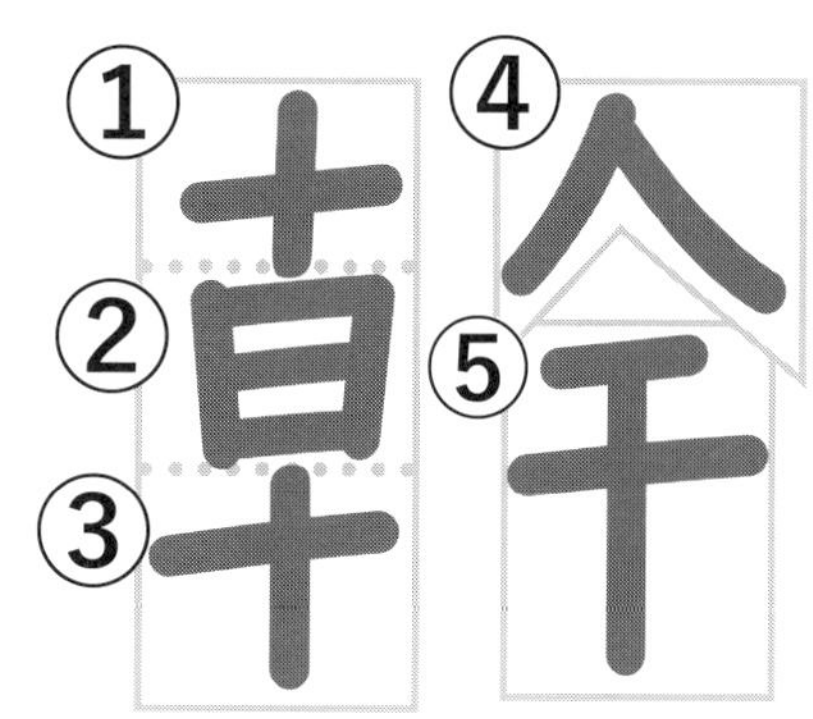

◆みき
カン
●木(き)の幹（みき）
東北(とうほく)新幹線（しん かん せん）

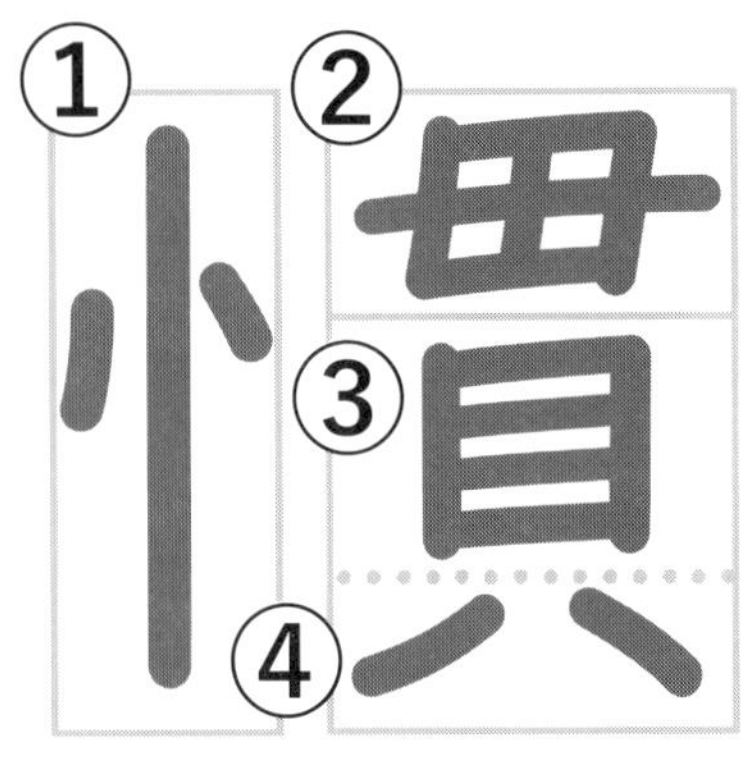

◆な－れる、な－らす

カン

●係(かかり)の仕事(しごと)に慣(な)れる。

体(からだ)を寒(さむ)さに慣(な)らす。

習慣(しゅう　かん)

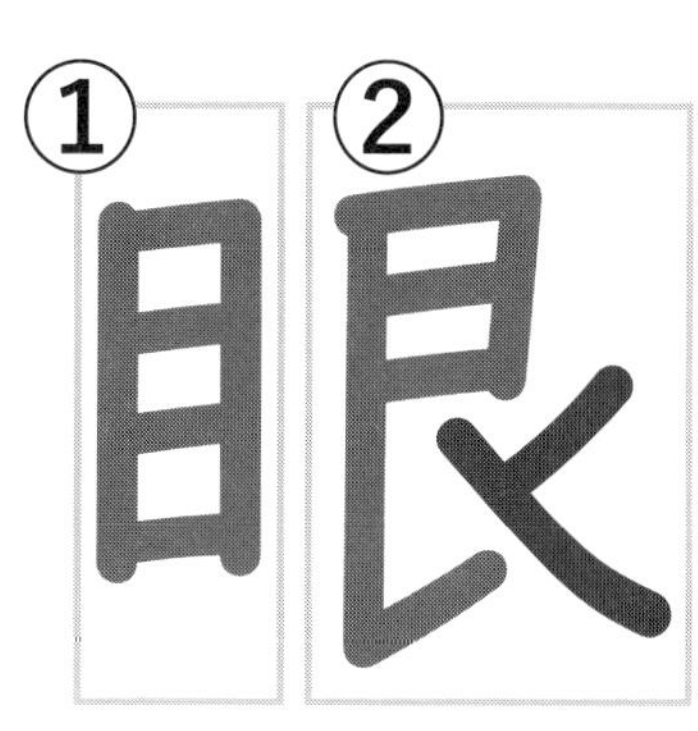

◆まなこ
ガン、ゲン

●血眼（ちまなこ）になる。
＝他のすべてを忘れて一つのことに熱中すること。

眼球（がんきゅう）

眼科（がんか）

大仏開眼（かいげん）
＝完成した大仏に眼をかき入れる行事のこと。

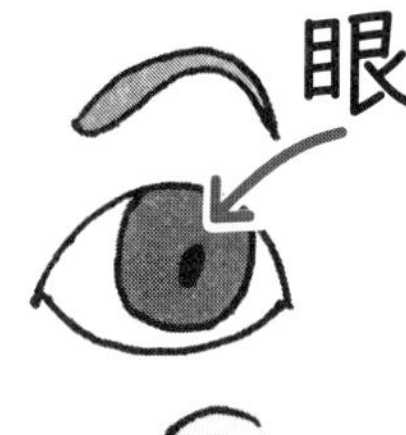

紀

すじみち／きまり／年代(ねんだい)

◆ ー

キ

● 二十一世紀(にじゅういっせいき)（せいき）

紀行文（きこうぶん）を読(よ)む。

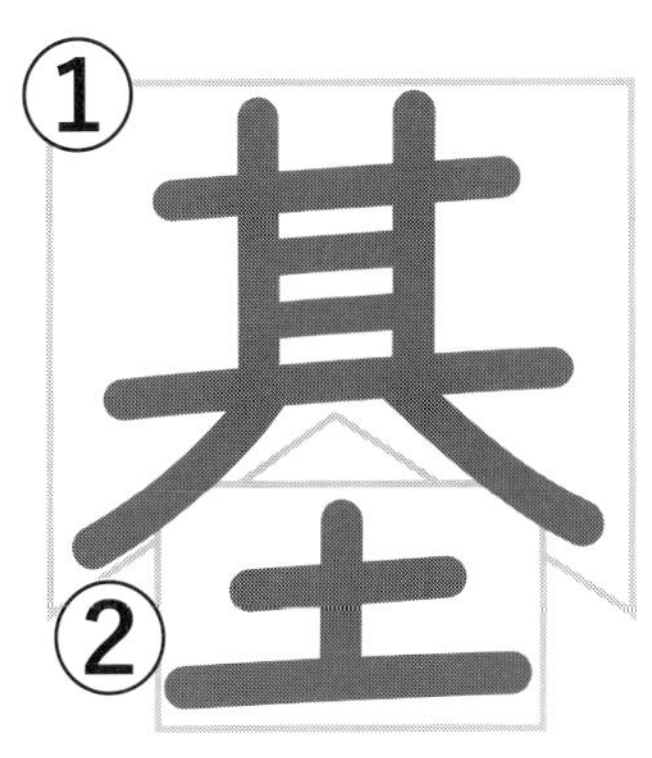

◆もと、もとい

キ

●事実(じじつ)に基(もと)づく。

基本(きほん)的(てき)な考(かんが)え方(かた)

よりどころ／土台(どだい)

◆よ－る、よ－せる

キ

●たき火［び］の近［ちか］くに寄（よ）る。

意見［いけん］を寄（よ）せる。

お金［かね］を寄付（きふ）する。

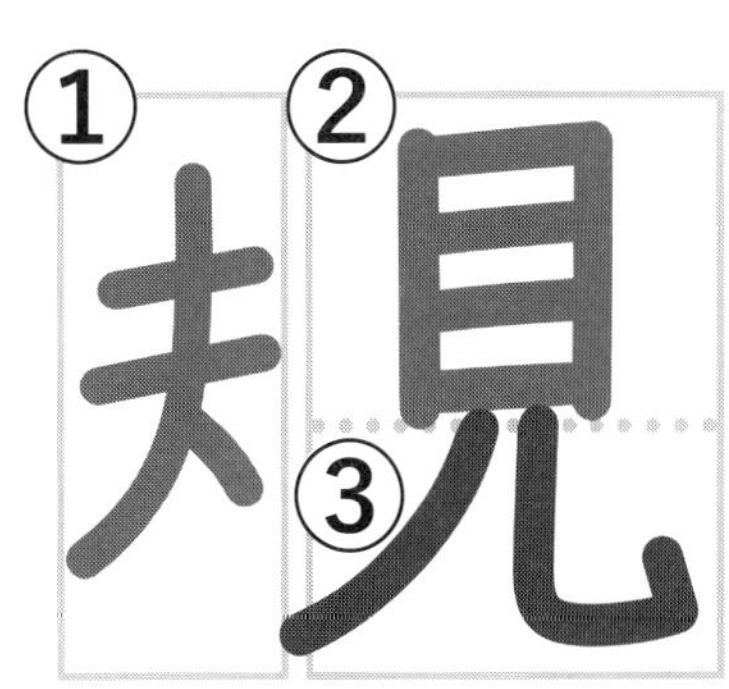

◆ —

キ

● 規則（きそく）がきびしい。

定規（じょうぎ）＊で線（せん）を引（ひ）く。

ただす／正（ただ）しく円（えん）をかく道具（どうぐ）

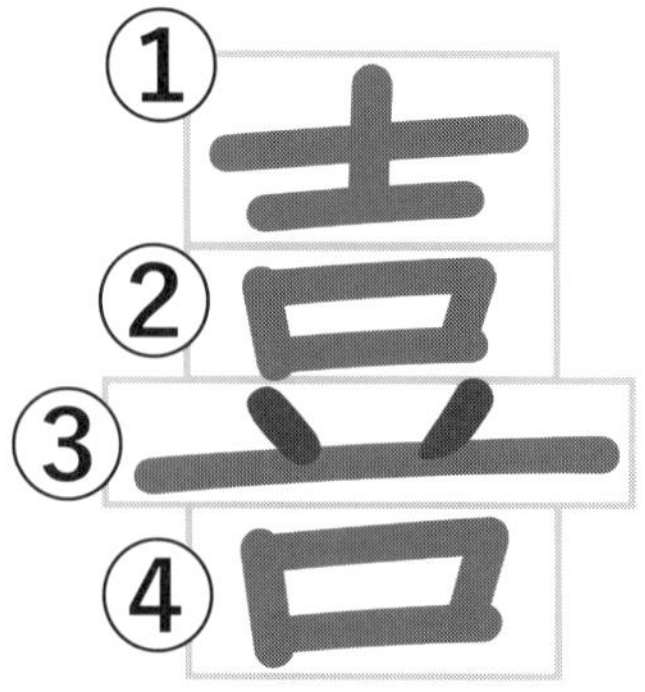

◆よろこ－ぶ

キ

●再会（さいかい）を喜（よろこ）ぶ。

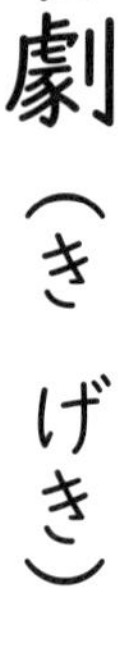

喜劇（きげき）

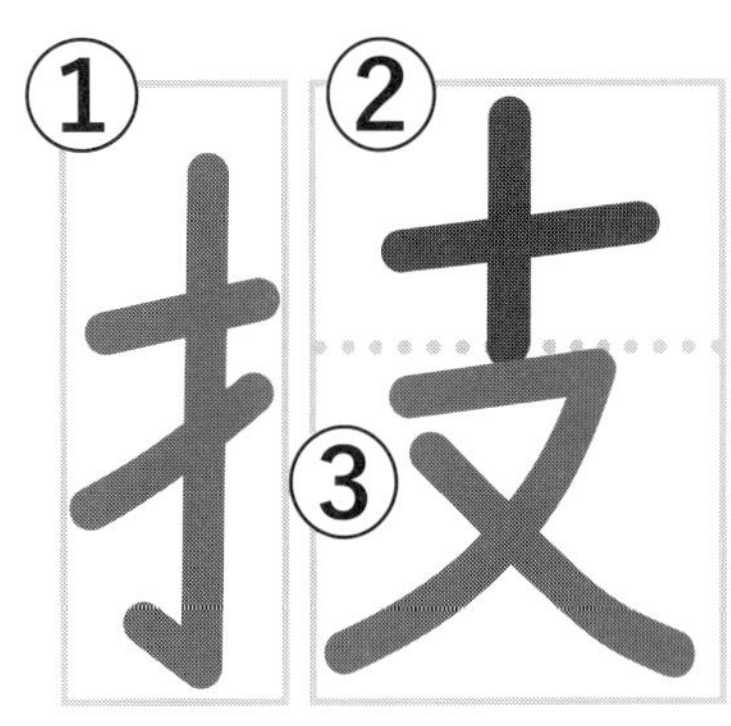

◆わざ

ギ

●一流(いちりゅう)の技(わざ)

高(たか)い技術(ぎじゅつ)

特技(とくぎ)

正しい道／わけ

◆ ー

ギ

● 義理（ぎり）

義務（ぎむ）を果たす。

定義（ていぎ）

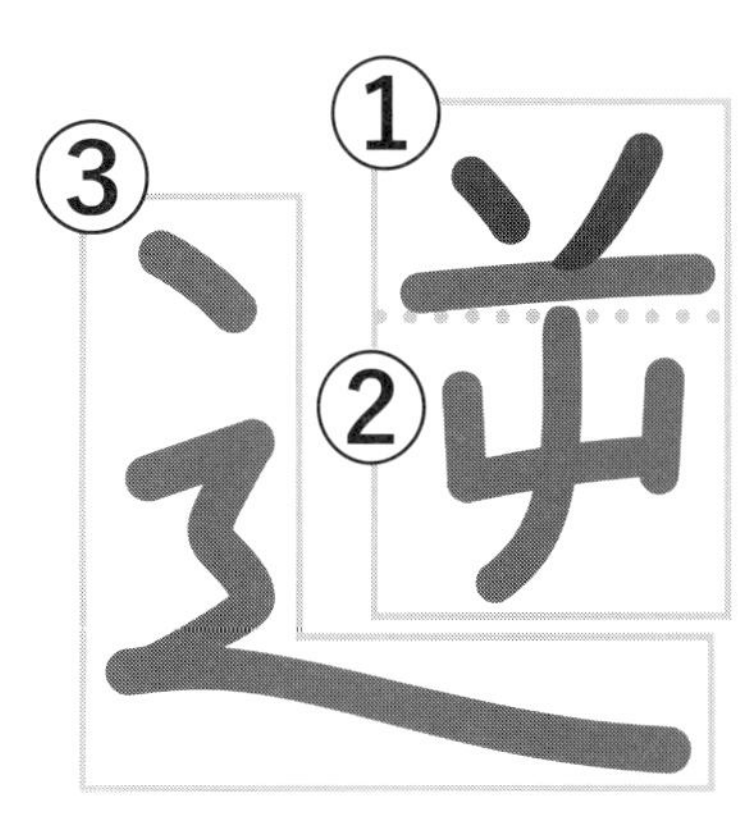

◆さか、さか－らう
ギャク

●逆（さか）立（だ）ち
流（なが）れに逆（さか）らう。
２対（たい）３で逆転（ぎゃくてん）した。
逆算（ぎゃくさん）
逆行（ぎゃっこう）＊

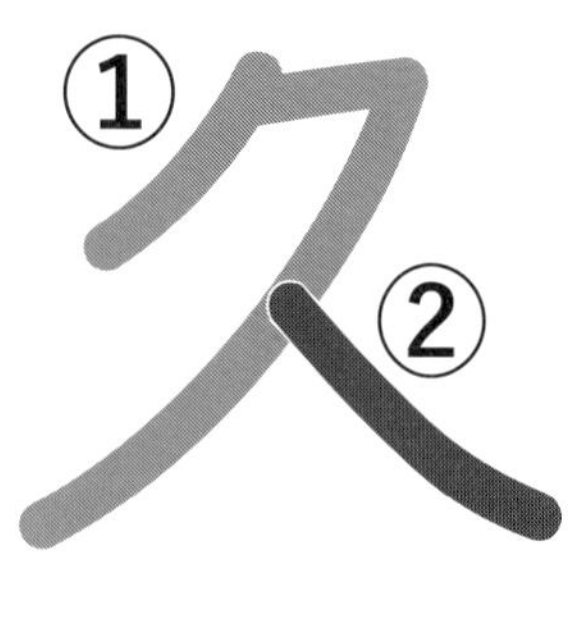

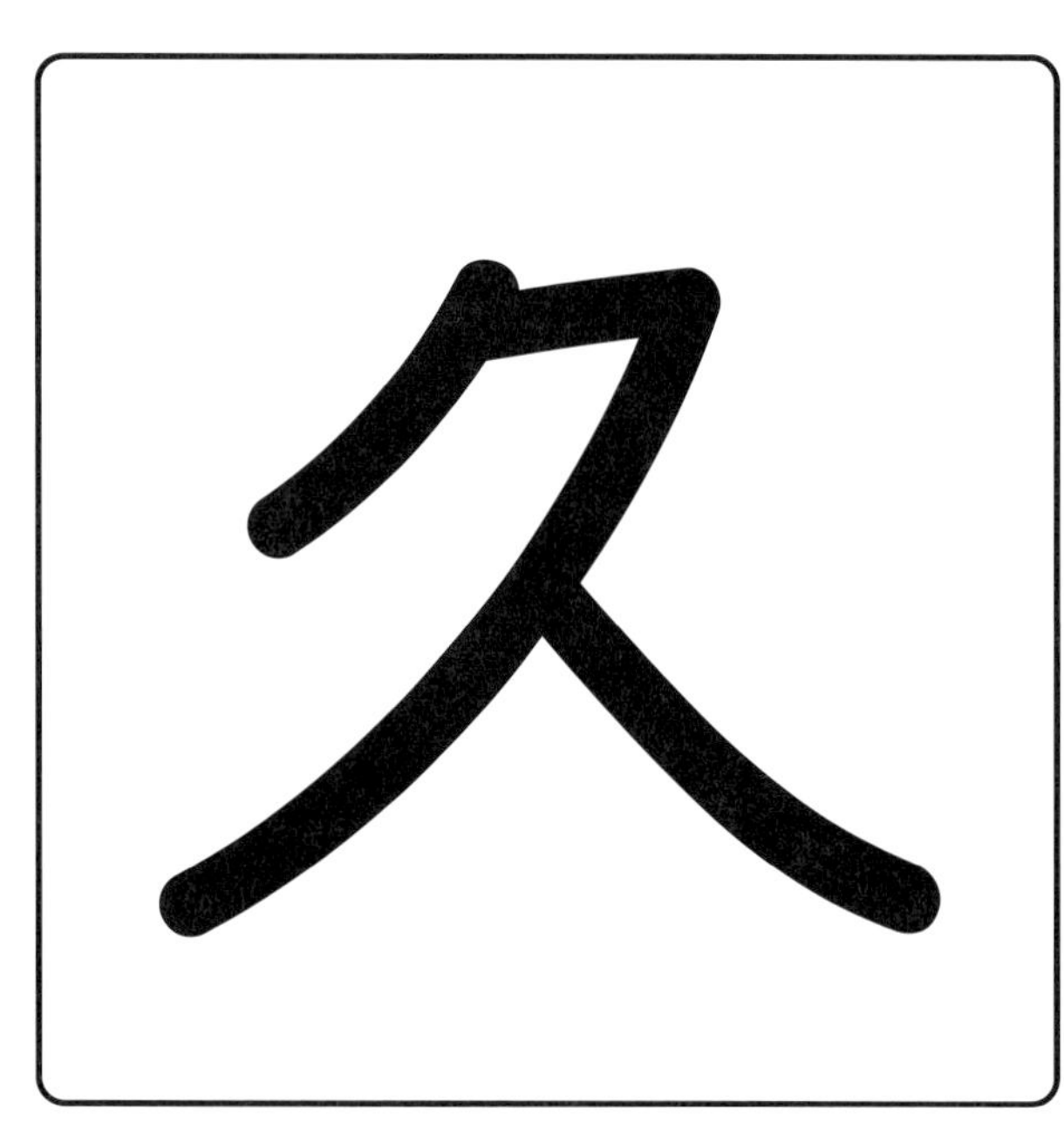

◆ひさ－しい
キュウ、ク

●おじいちゃんとは会わなくなって久（ひさ）しい。
データを永久（えいきゅう）に保存する。

久遠（くおん）
＝時間が限りなく長いこと。遠い過去または未来。

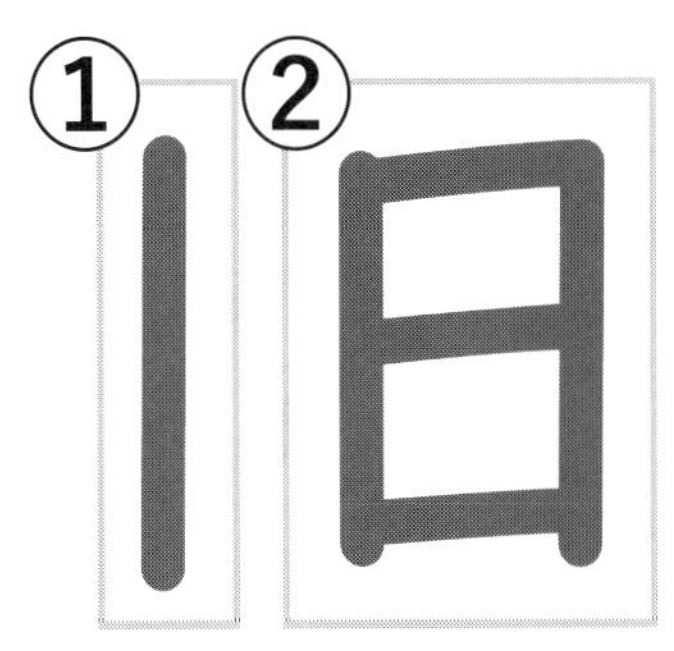

◆ —

キュウ

● 旧式（きゅうしき）

新旧（しんきゅう）

旧友（きゅうゆう）と再会（さいかい）する。

古（ふる）い／むかしの

◆すく－う
キュウ

●命(いのち)を救(すく)う。
救急車（きゅうきゅうしゃ）

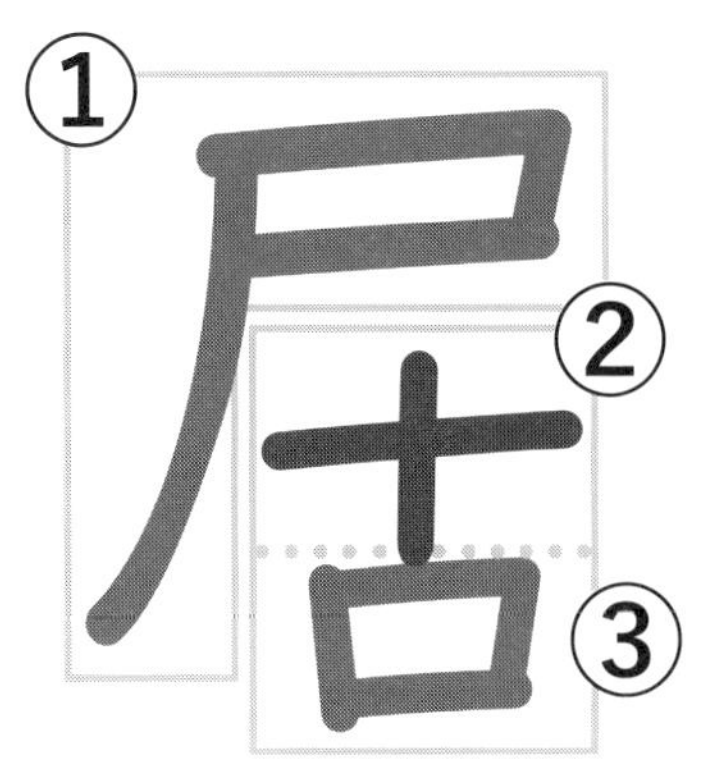

◆い-る
キョ

●ふだん居（い）る部屋（へや）
住居（じゅう きょ）

①許 ②許

◆ゆる－す

キョ

●外出(がいしゅつ)を許(ゆる)す。

入学(にゅうがく)を許可(きょか)する。

◆さかい
キョウ、ケイ

●境目（さかいめ）を見《み》つける。

国《くに》と国《くに》の境界（きょうかい）を国境（こっきょう）という。

神社《じんじゃ》の境内（けいだい）

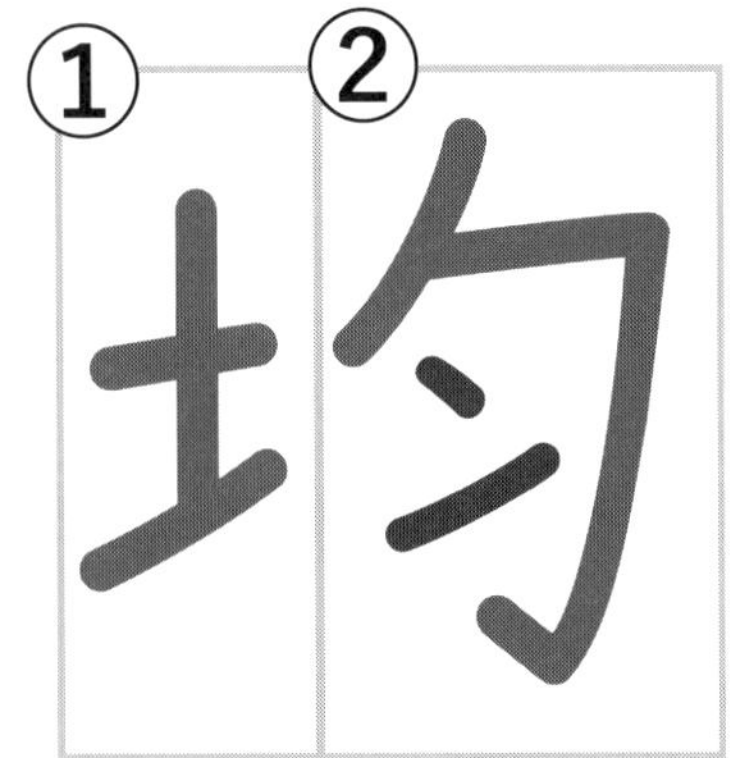

ならす／ひとしい

◆―

キン

●チームの平均（へいきん）身長（しんちょう）は180センチだ。

値段（ねだん）は三百円（さんびゃくえん）均一（きんいつ）だ。

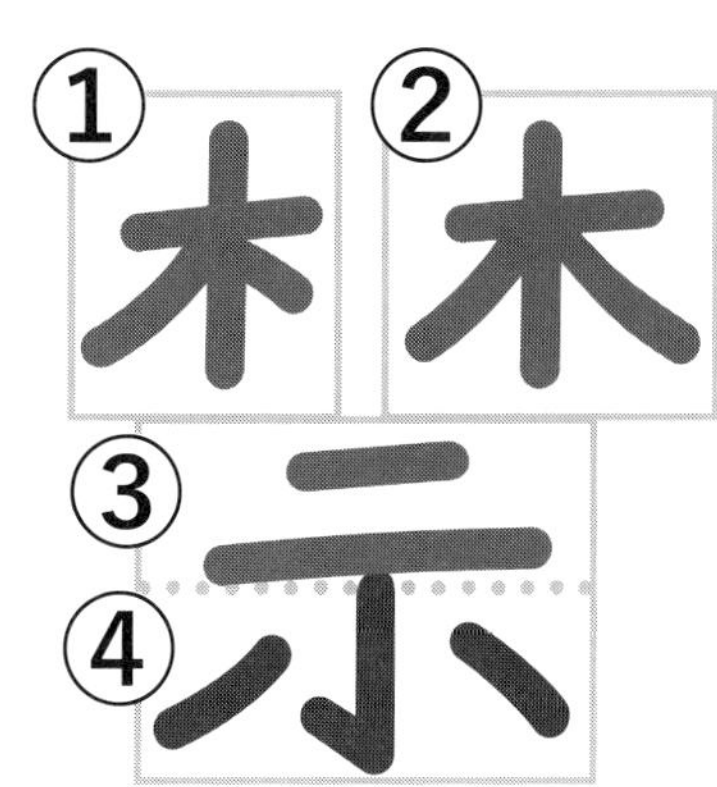

◆ ―

キン

● 立(た)ち入(い)り禁止（きんし）

油断(ゆだん)は禁物（きんもつ）だ。

やめさせる

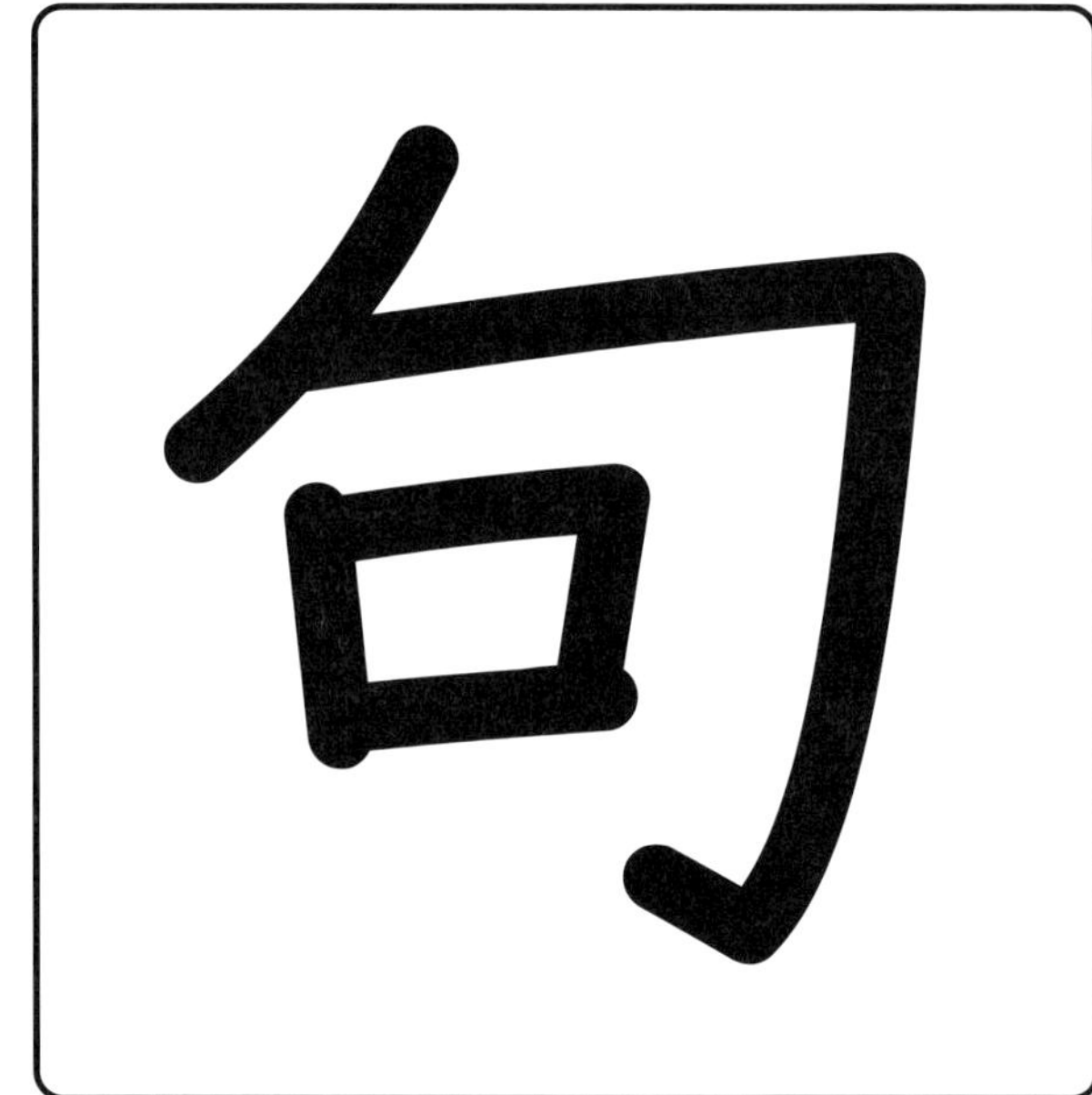

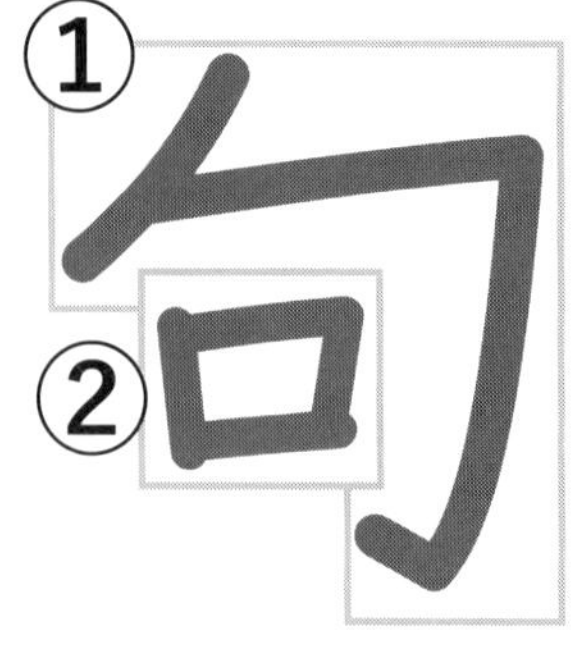

◆ことばの区切(くぎ)り

◆ク

●俳句(はいく)
文句(もんく)は言(い)わない。

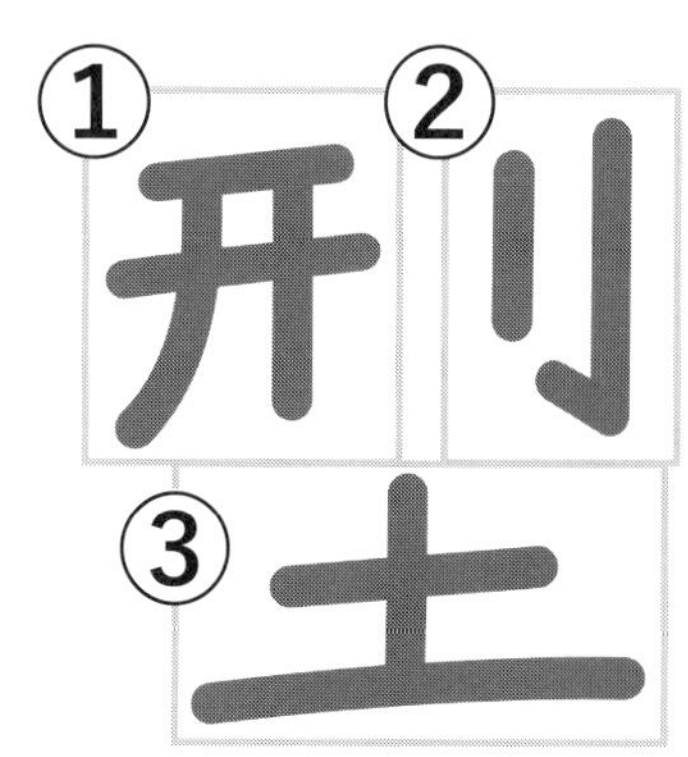

◆かた
ケイ
●型（かた）にはまったあいさつ
血液型（けつえきがた）＊
模型（もけい）

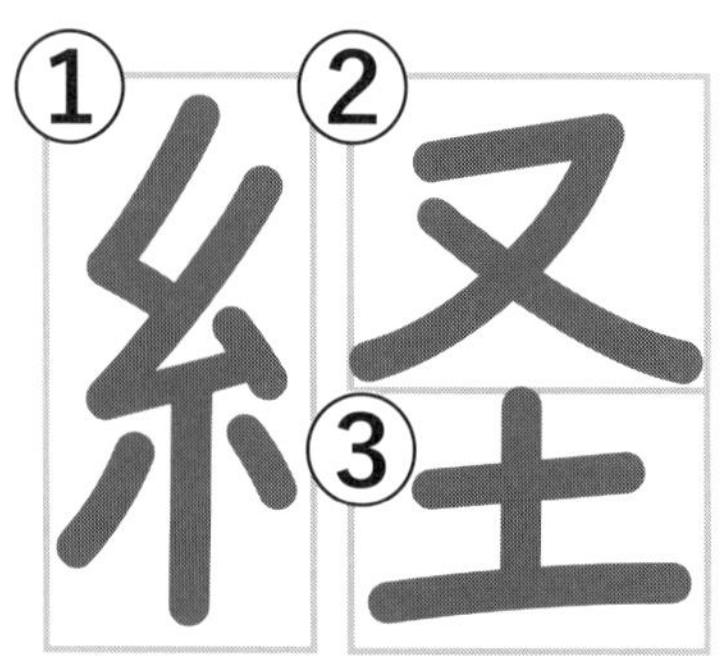

通(とお)り過(す)ぎる／たて糸(いと)

◆へーる

ケイ、キョウ

●月日(つきひ)を経(へ)る。

経験(けいけん)

経度(けいど)

経典(きょうてん)

＝ある宗教(しゅうきょう)において、その教(おし)えがまとめられたもの。

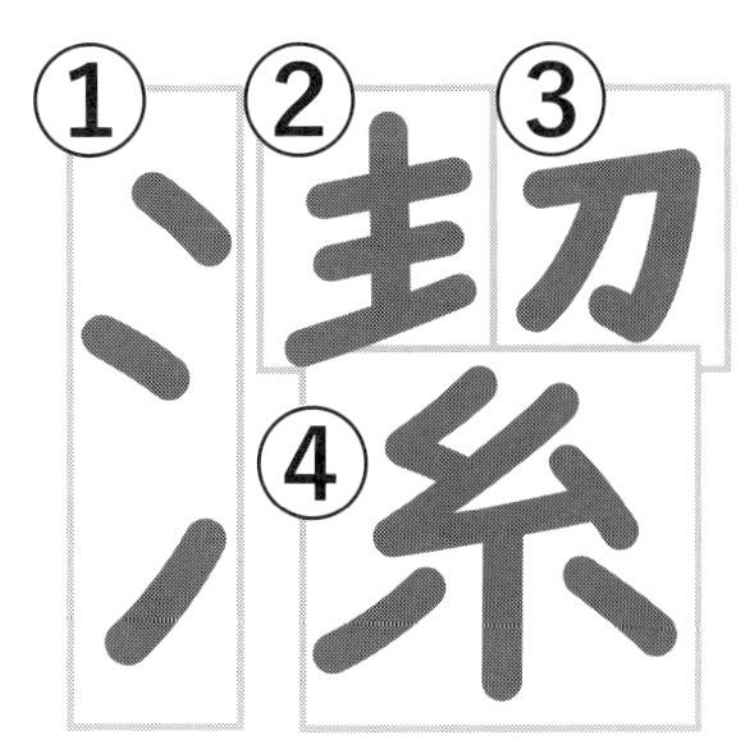

◆いさぎよ－い
ケツ
●潔（いさぎよ）い態度（たいど）
清潔（せいけつ）な下着（したぎ）をつける。

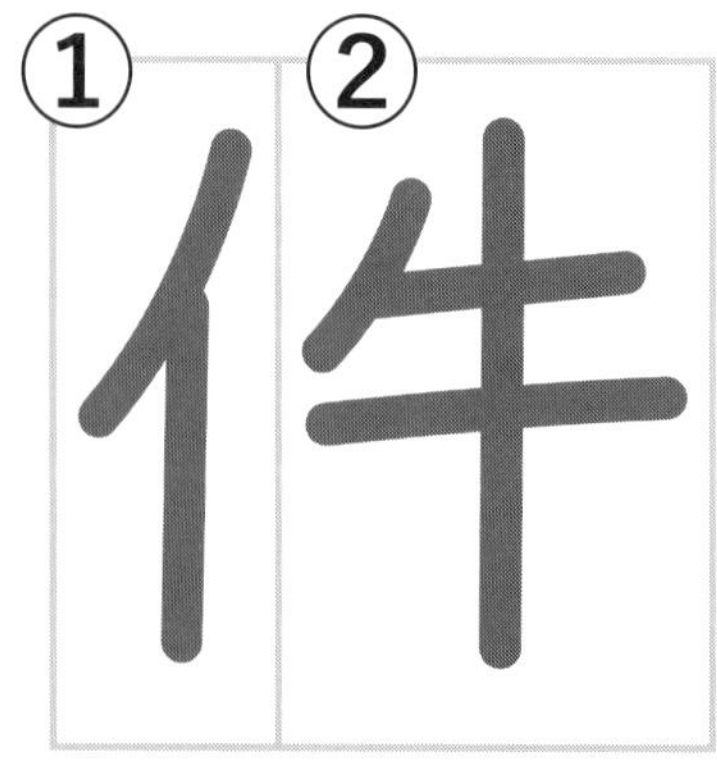

ことがら／出来事（できごと）

◆ ―

ケン

● 条件（じょうけん）

交通（こうつう）事故（じこ）の発生（はっせい）件数（けんすう）

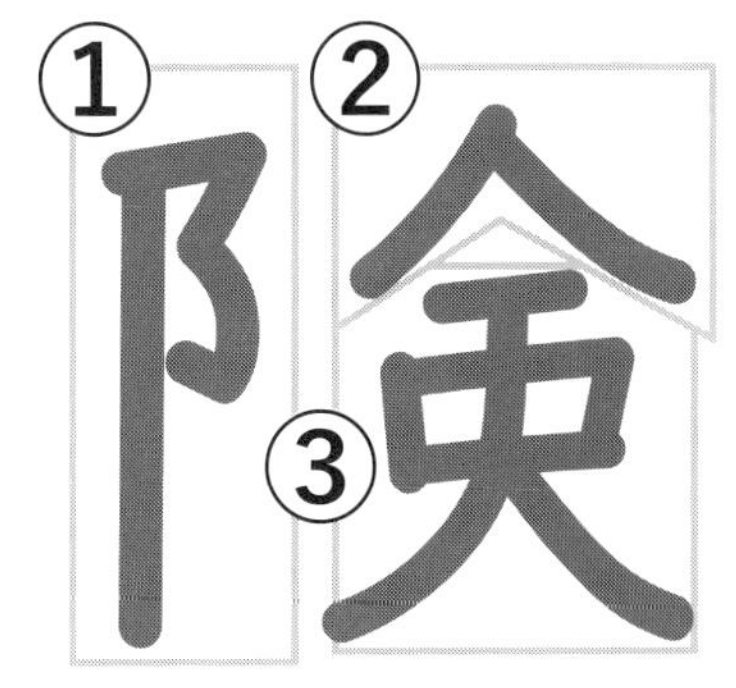

◆けわ-しい
ケン

●険（けわ）しい山（やま）
校内（こうない）を探検（たんけん）する。

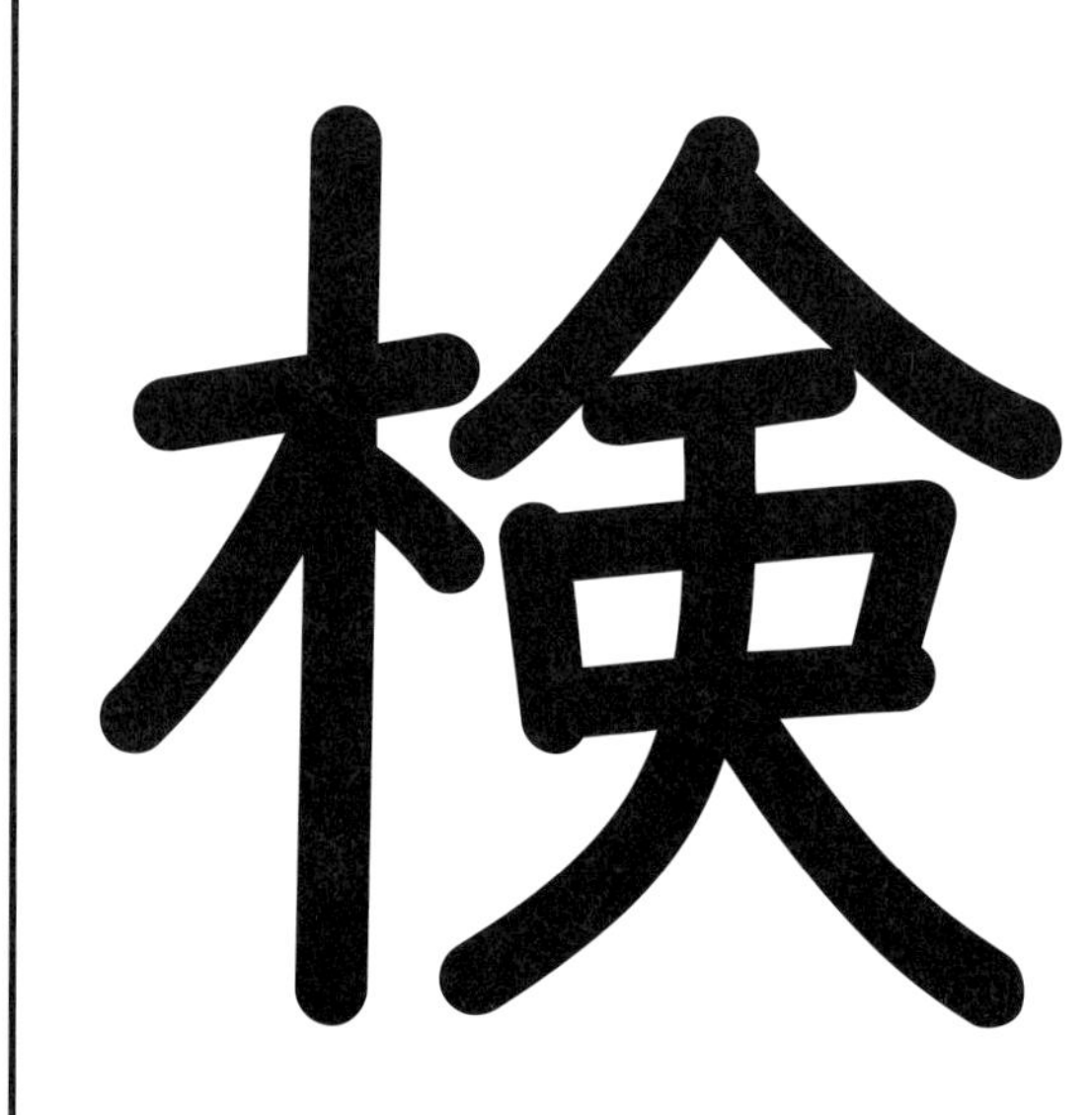

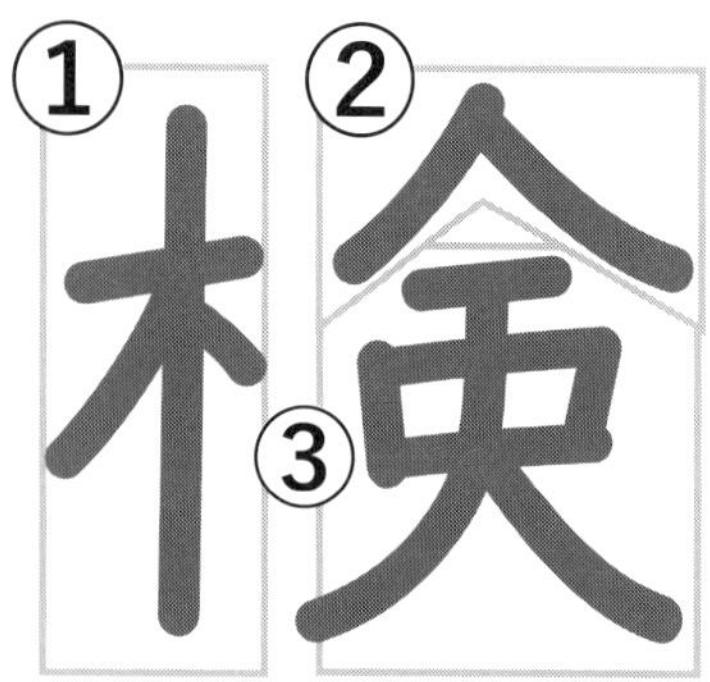

しらべる／とりしまる

◆ ―

ケン

●目(め)の検査（けんさ）をする。

機械(きかい)を点検（てんけん）する。

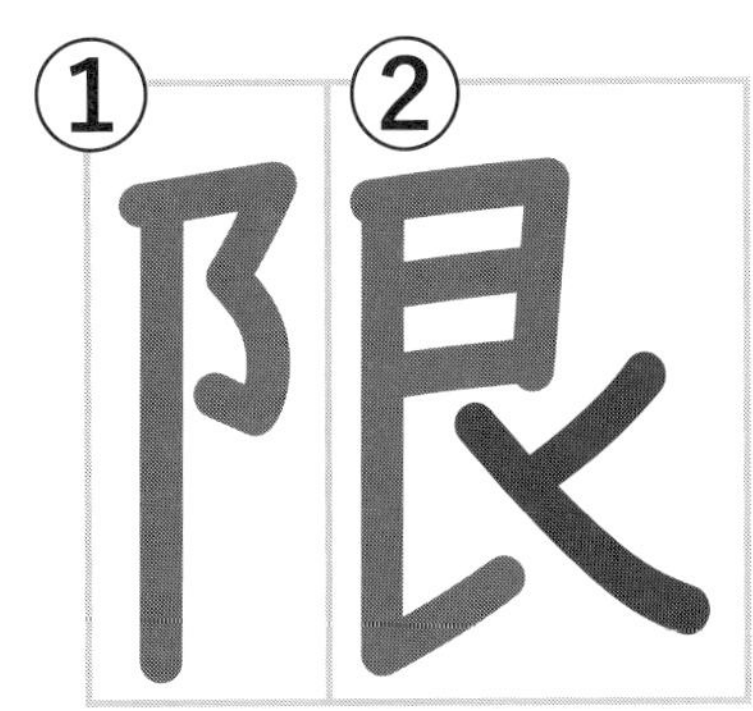

◆かぎ-る
ゲン

●参加人数(さんかにんずう)を限(かぎ)る。
スピードの限度(げんど)

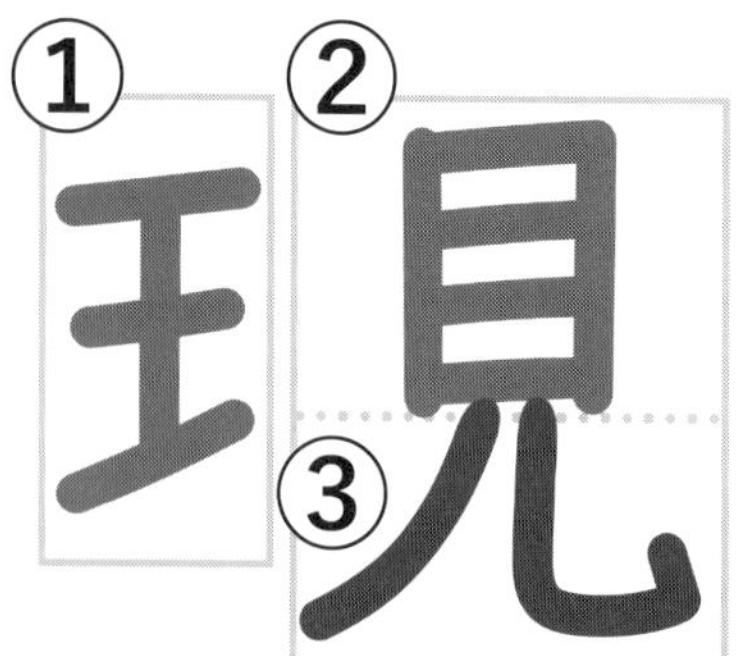

◆あらわ－れる、あらわ－す

ゲン

●目(め)の前(まえ)に現（あらわ）れる。

正体(しょうたい)を現（あらわ）す。

現在（げんざい）

現金（げんきん）

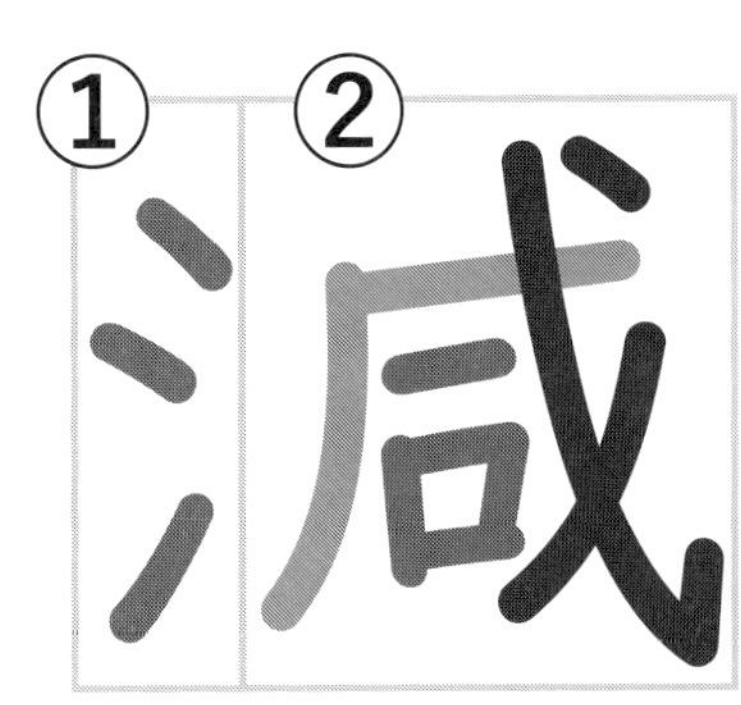

◆へーる、へーらす

ゲン

●体重(たいじゅう)が減(へ)る。

ゴミを減(へ)らす。

人口(じんこう)が減少(げんしょう)する。

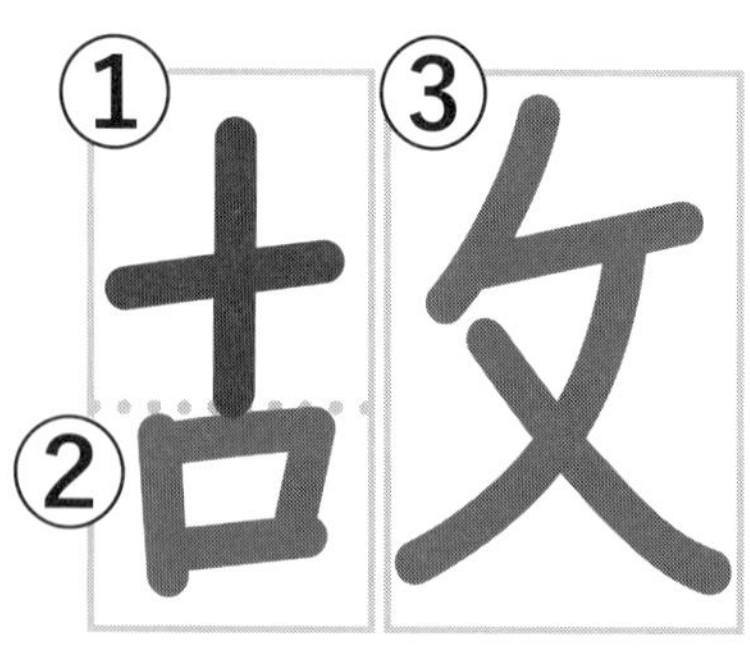

◆ゆえ

●コ

我思う、故（ゆえ）に我あり。

＝「自分は存在しないのではないか」と疑っても、「疑っている私」という存在を疑うことはできない。フランスの哲学者デカルトのことば。

故郷（こきょう）に帰る。

事故（じこ）が起きる。

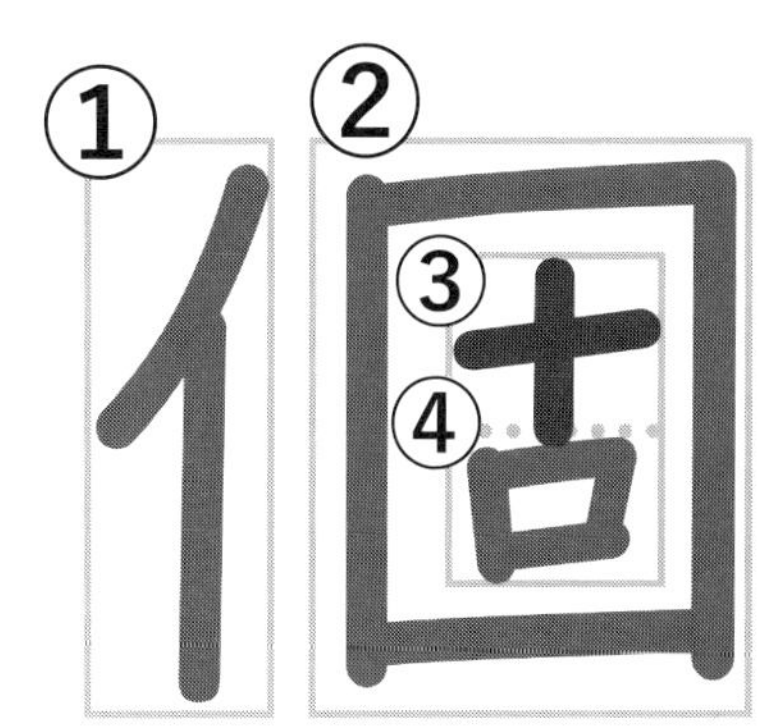

◆コ

●個人（こじん）
個性（こせい）を尊重（そんちょう）する。

ひとつ／ひとり

まもる／助(たす)ける

◆ ―

ゴ

● 迷子(まいご)を保護（ほご）する。

病人(びょうにん)を看護（かんご）する。

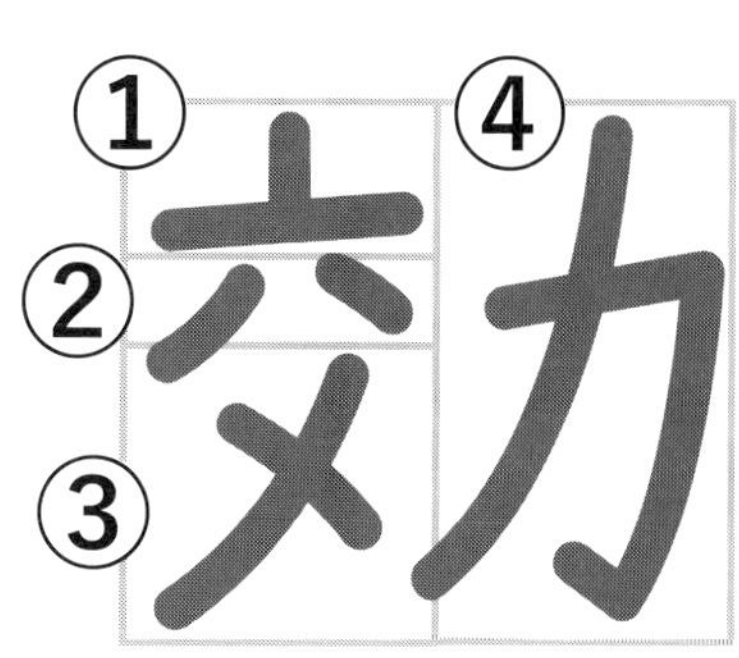

◆きーく

コウ

●良(よ)く効（き）く薬(くすり)

この薬(くすり)は効果（こうか）がある。

ききめ

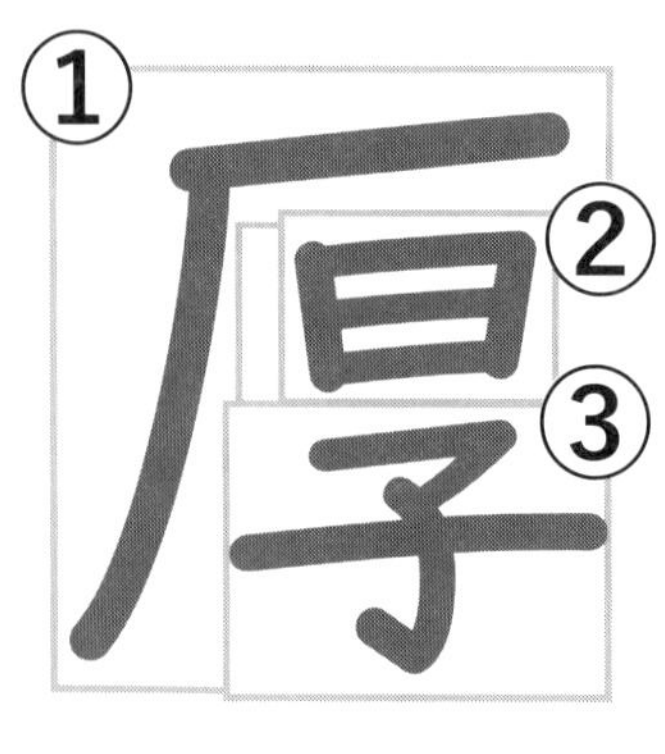

あつみがある

◆あつ－い
コウ

●厚(あつ)い紙(かみ)
重厚(じゅうこう)なとびら

①耒 ②井

◆たがや－す

コウ

●畑（はたけ）を耕（たがや）す。

日本（にほん）の農耕（のうこう）文化（ぶんか）

水(みず)の上(うえ)や空(そら)をわたる

◆ —

コウ

●航行（こうこう）

飛行機(ひこうき)が欠航（けっこう）する。

鉱

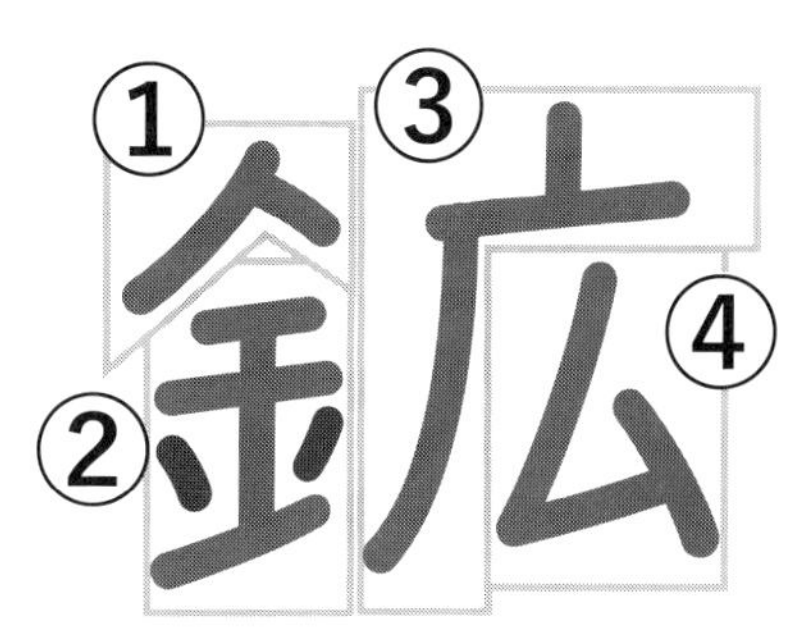

◆ ―

● コウ

鉱山（こう　ざん）

鉱脈（こう　みゃく）にぶつかる。

ほりだしたままの金属（きんぞく）

◆かま－える、かま－う
コウ

●店(みせ)を構（かま）える。
どんな天気(てんき)でも構（かま）うことはない。

構成（こう せい）

◆おこ－る、おこ－す

コウ、キョウ

●新(あたら)しい産業(さんぎょう)が興(おこ)る。

会社(かいしゃ)を興(おこ)す。

興亡(こうぼう)

英語(えいご)に興味(きょうみ)がある。

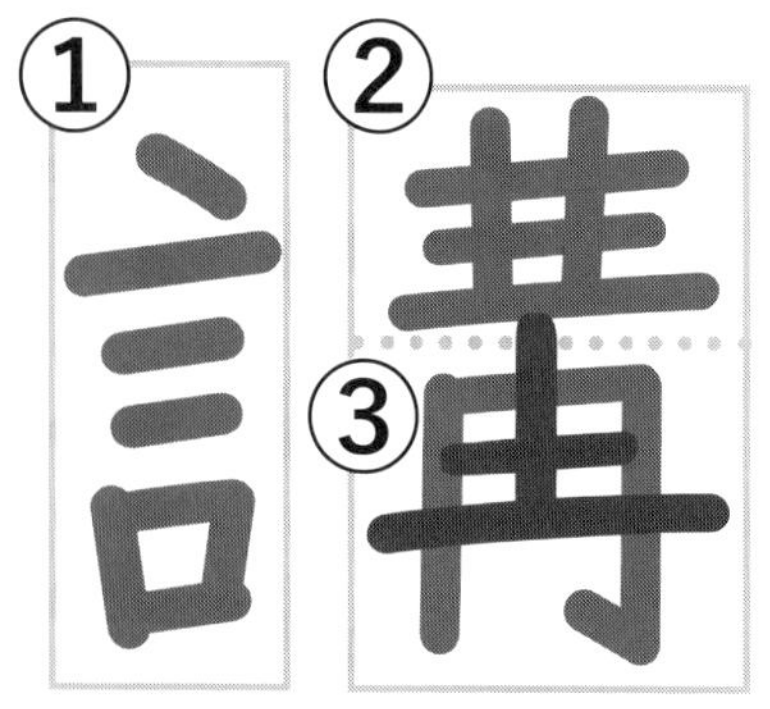

わかるように話(はなし)をする

◆ —

コウ

● 講演会（こう えん かい）

オンライン講習（こう しゅう）

講堂（こう どう）に集(あつ)まる。

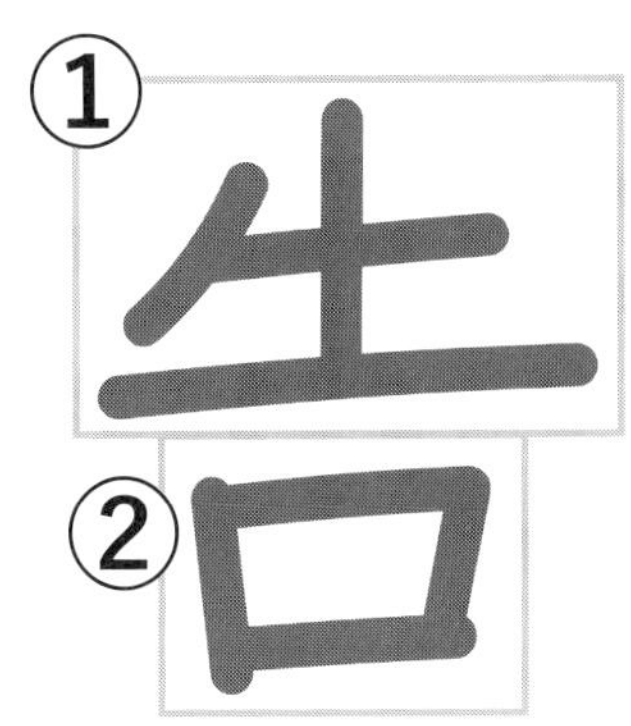

◆つ－げる

コク

●別(わか)れを告(つ)げる。

告白(こくはく)する。

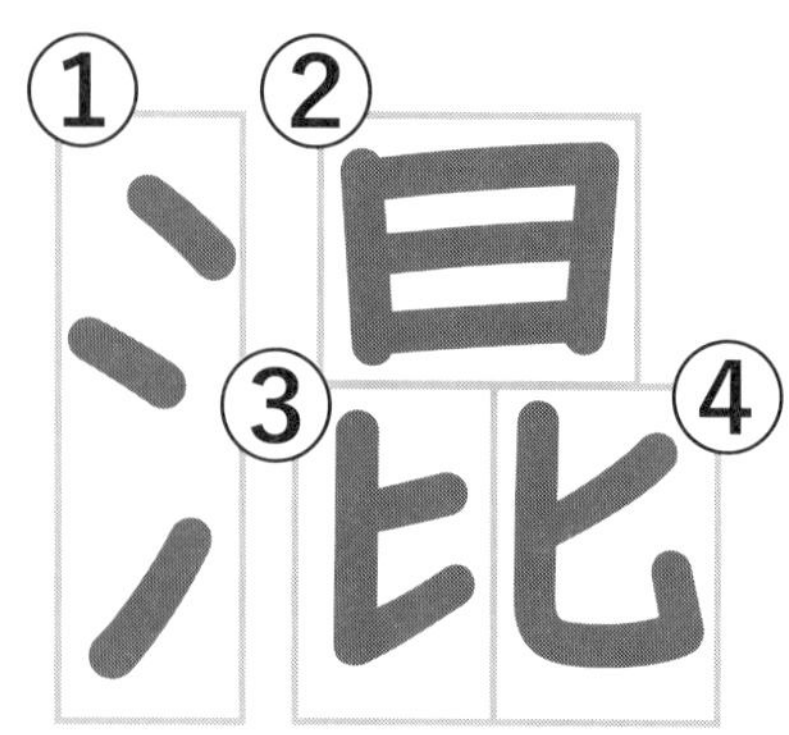

◆まーじる、まーざる、まーぜる

こーむ

コン

●雑音(ざつおん)が混(ま)じる。

塩(しお)が水(みず)に混(ま)ざる。

絵(え)の具(ぐ)を混(ま)ぜる。

電車(でんしゃ)の中(なか)が混(こ)む。

混乱(こんらん)する。

◆ ―

サ

●川（かわ）の水質（すいしつ）を調査（ちょうさ）する。
持（も）ち物（もの）を検査（けんさ）する。

しらべる

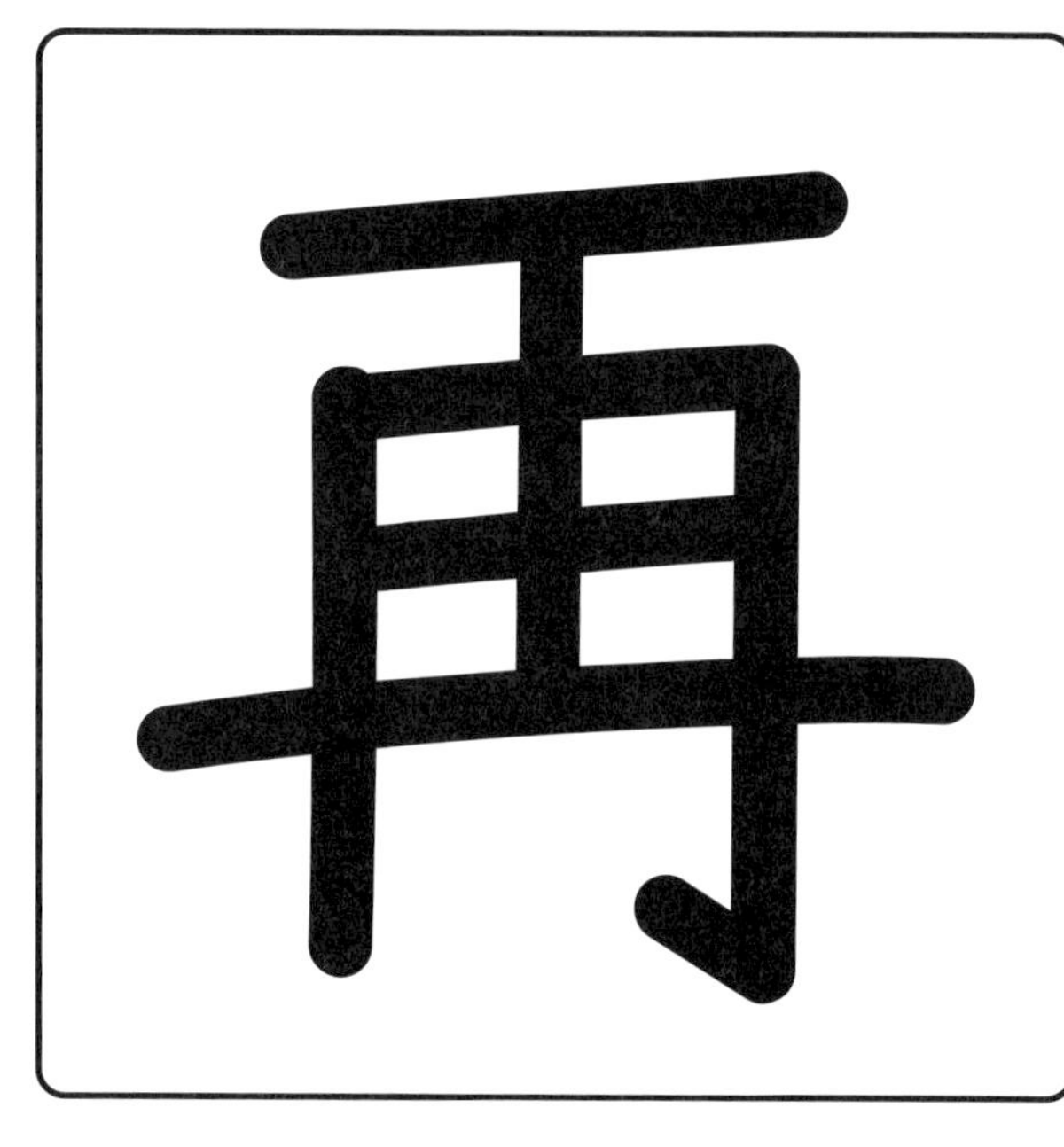

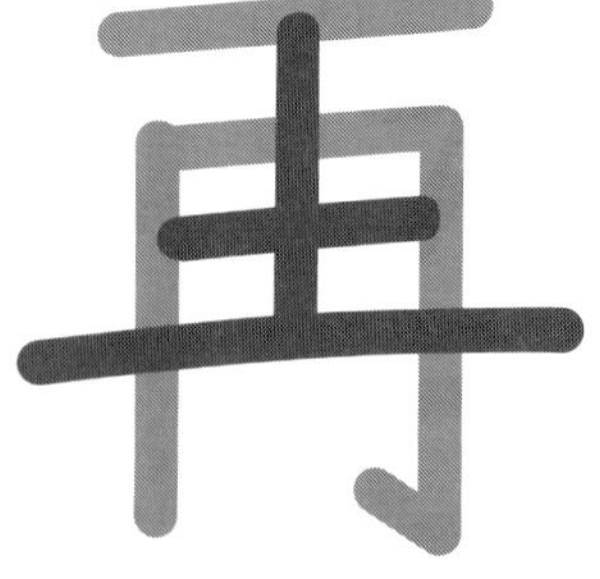

◆ふたた－び

サイ、サ

●再（ふたた）び歩(ある)き始(はじ)める。

友(とも)だちと再会（さい　かい）した。

再来週（さ　らい　しゅう）

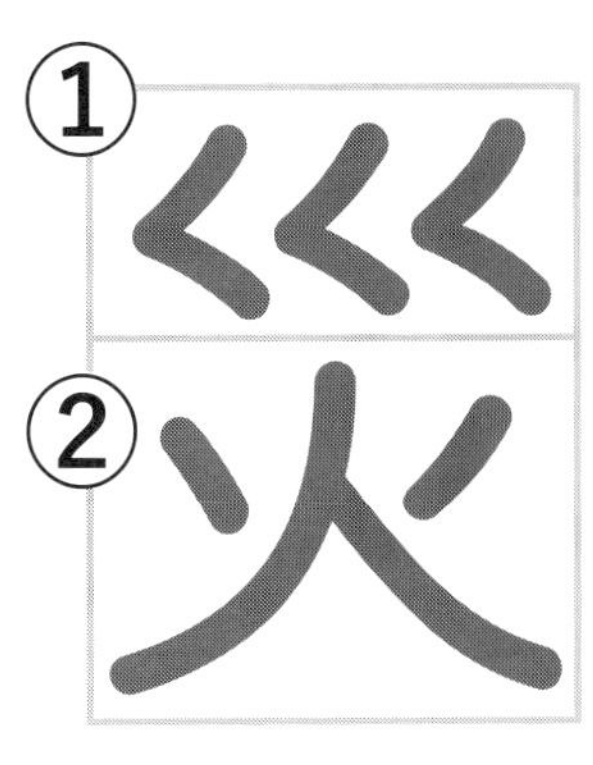

◆わざわ－い

サイ

●口(くち)は災(わざわ)いの元(もと)。

＝ついうっかり言(い)ってしまった言葉(ことば)で不幸(ふこう)が起(お)きること。

災害（さいがい）が起(お)きる。

防災（ぼうさい）訓練(くんれん)

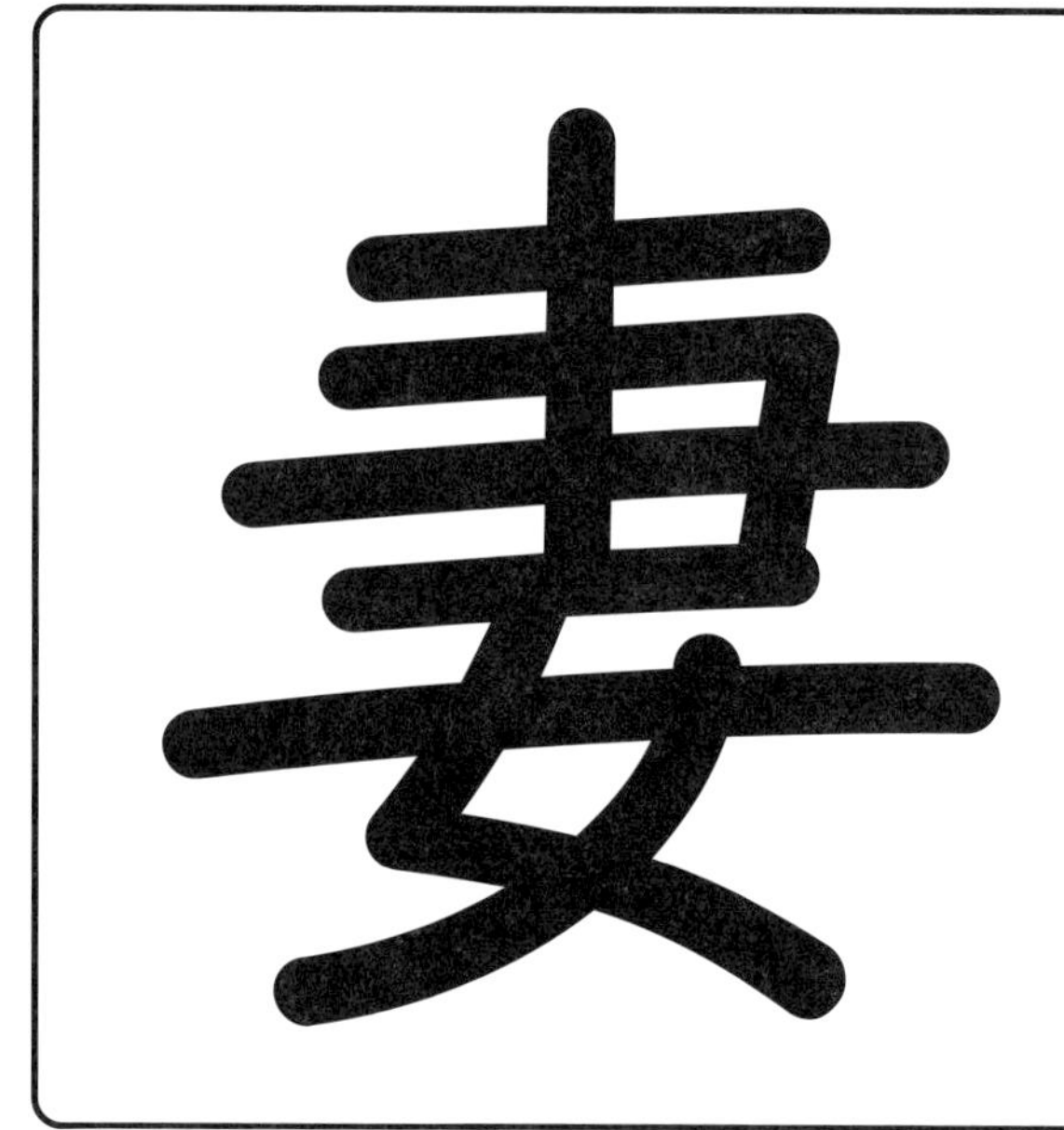

◆つま
サイ

●妻（つま）といっしょに参加（さんか）する。
夫妻（ふさい）

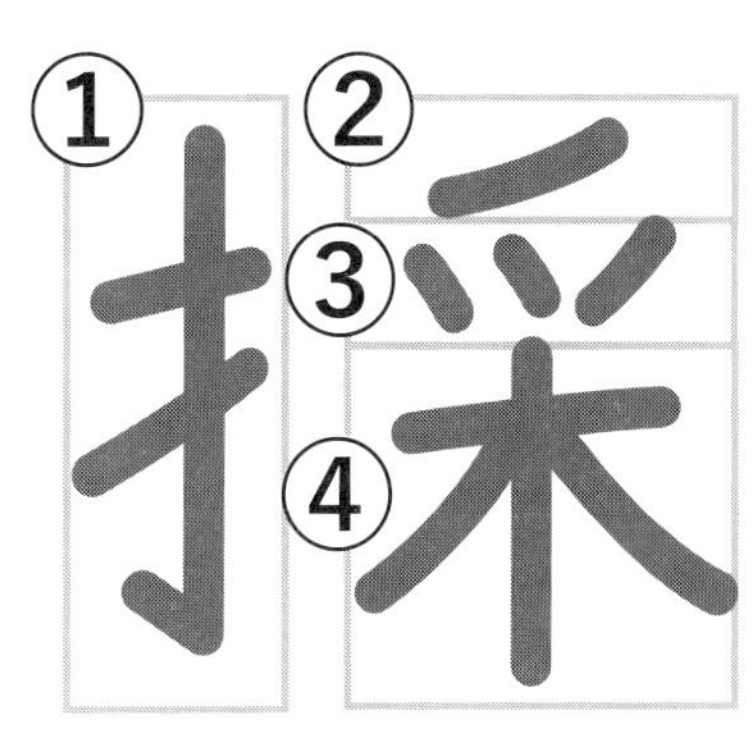

◆と－る
サイ
●山(やま)できのこを採（と）る。
採
採用（さいよう）のお知(し)らせが来(き)た。

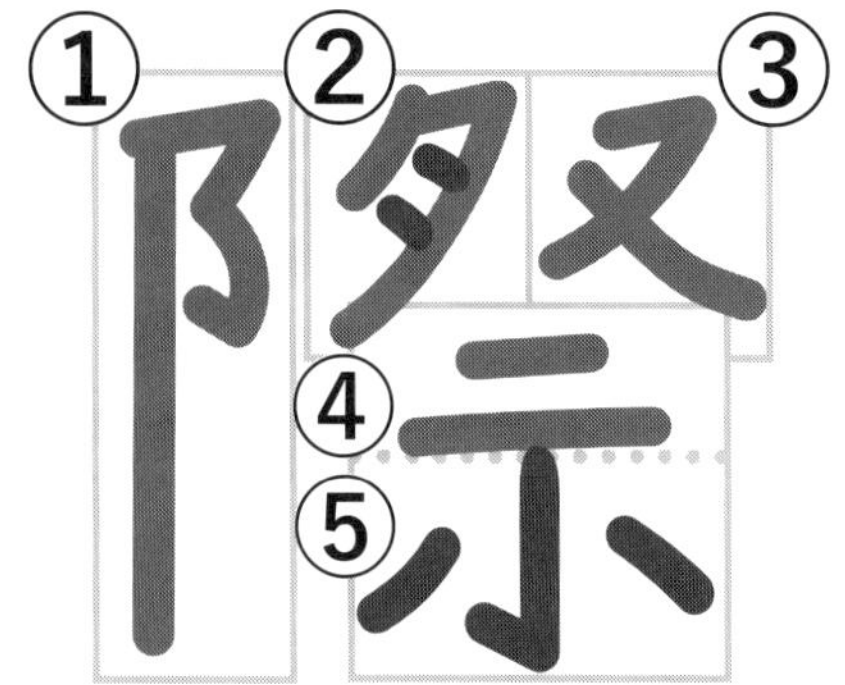

さかい／場合(ばあい)／まじわる

◆きわ
サイ

●際(きわ)どいところで助(たす)かった。
実際(じっさい)
国際(こくさい)交流(こうりゅう)

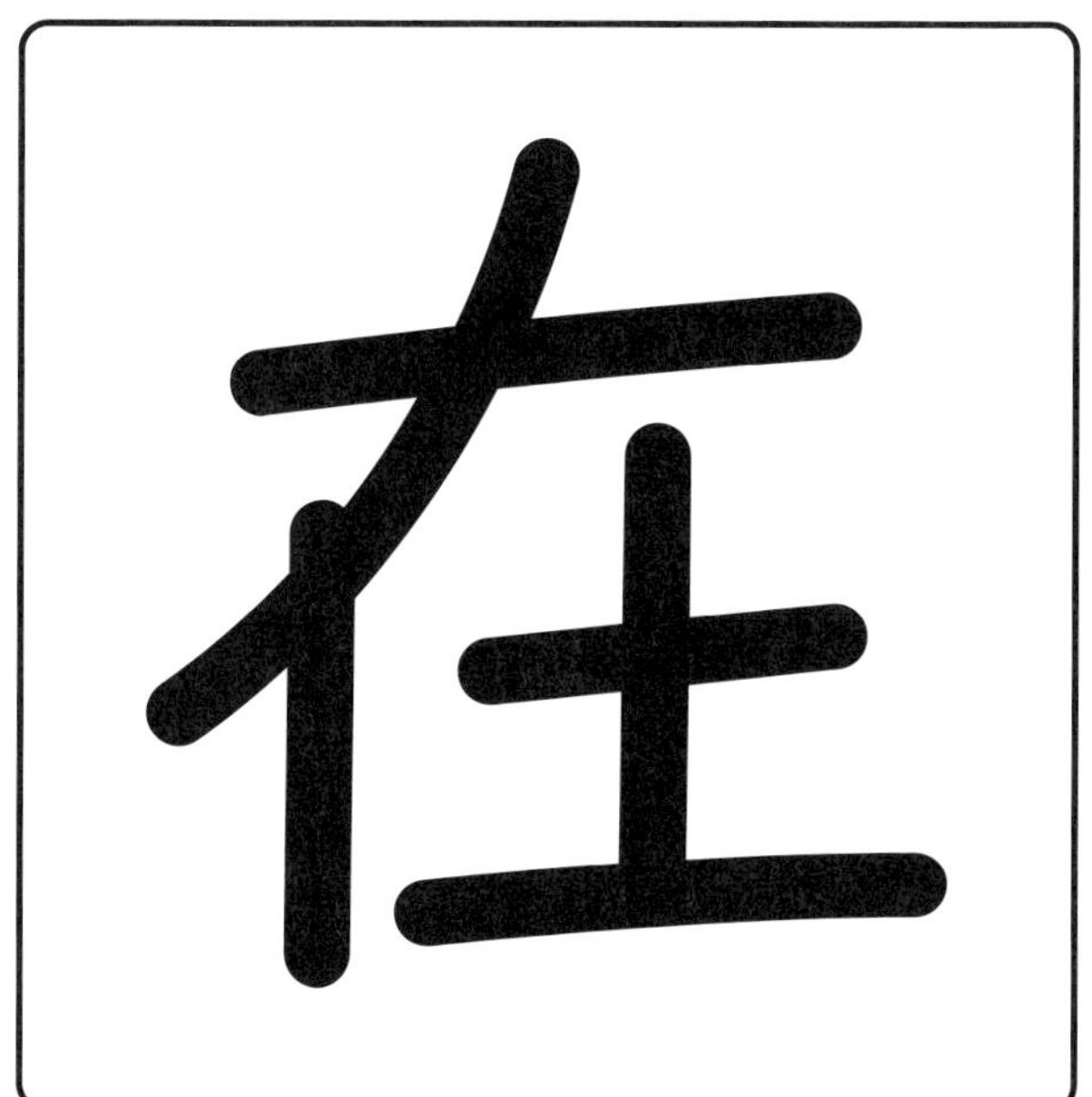

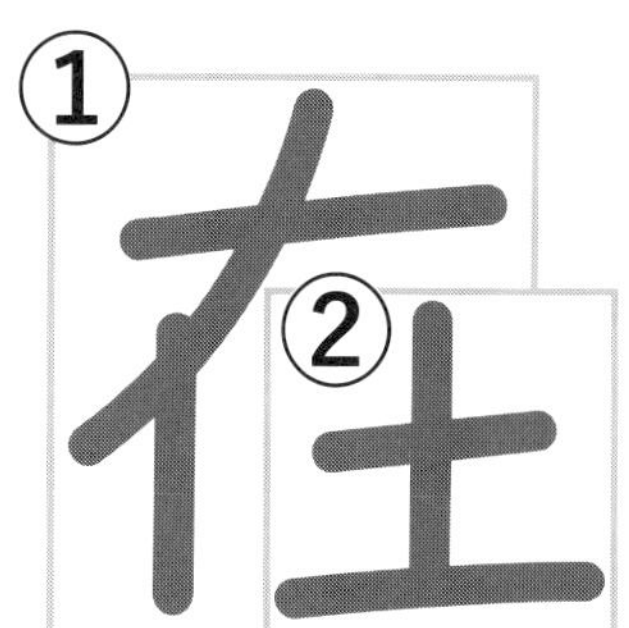

◆あ－る
ザイ

●在（あ）るべき姿（すがた）
存在（そんざい）

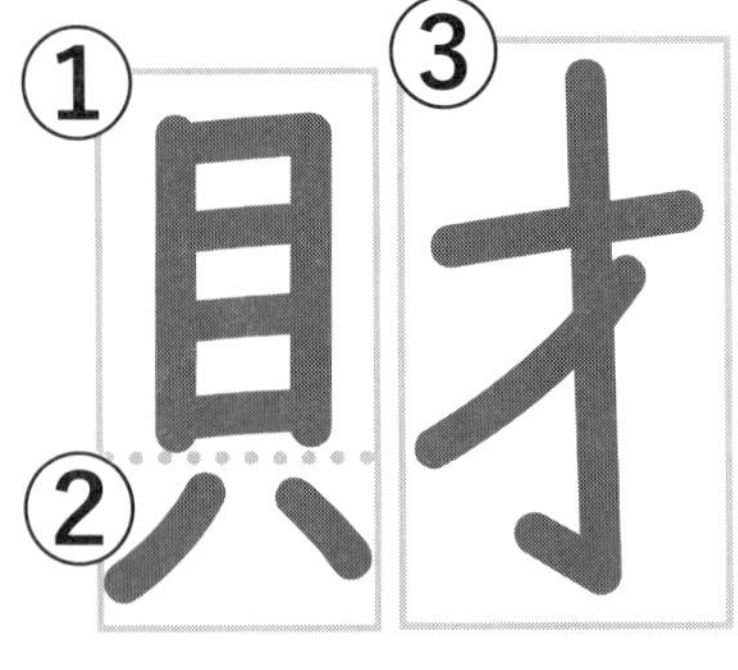

お金(かね)／値打(ねう)ちのある品物(しなもの)

◆ ―

ザイ、サイ

● 財産（ざいさん）

新(あたら)しい財布（さいふ）を買(か)う。

◆つみ
ザイ
●罪（つみ）をつぐなう。
無罪（むざい）を証明（しょうめい）する。

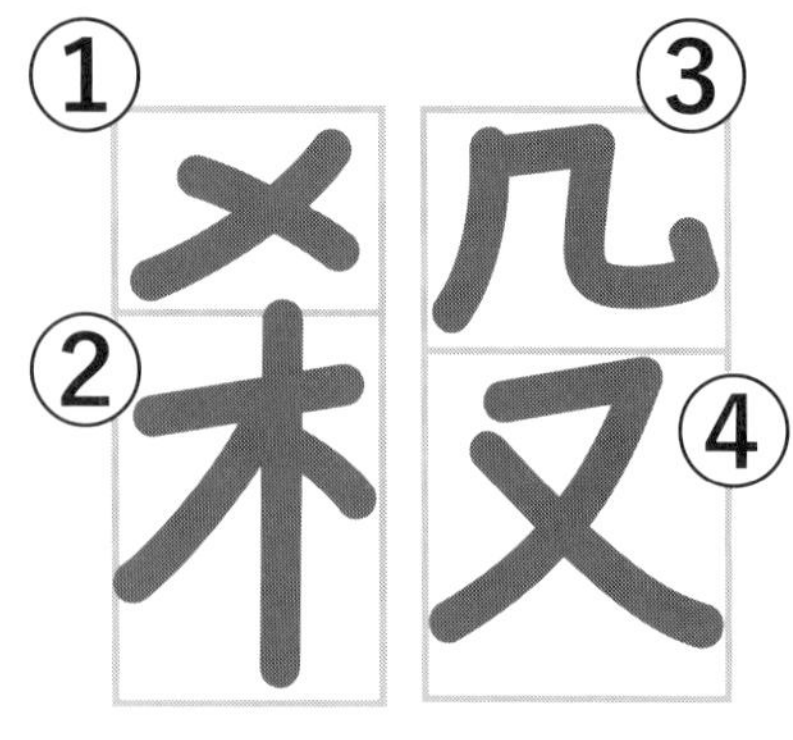

◆ころ－す
サッ、サイ、セツ
●息(いき)を殺(ころ)す。
殺害(さつがい)
相殺(そうさい)
殺生(せっしょう)＝生(い)き物(もの)を殺(ころ)すこと。

雑

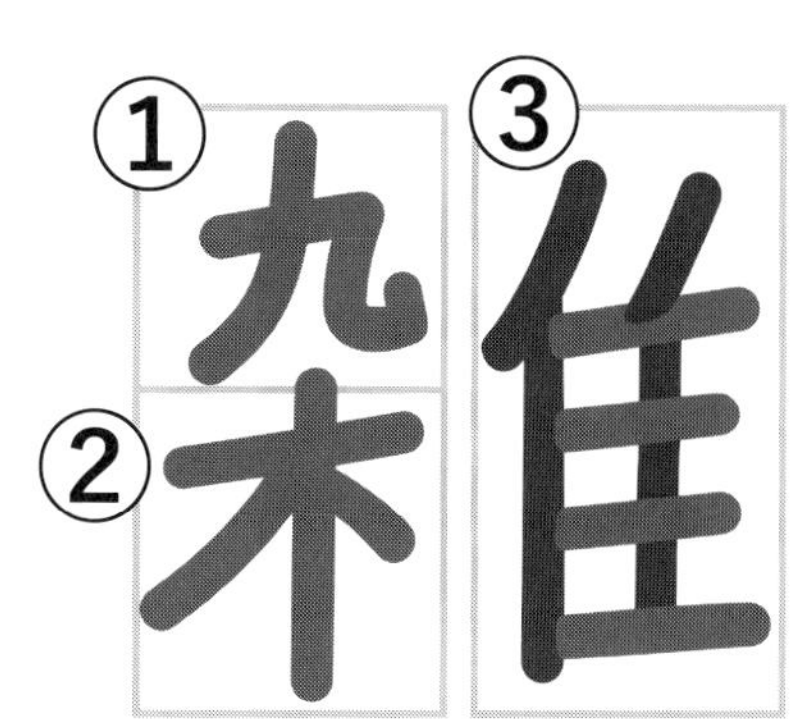

◆ ―

● ザツ、ゾウ

雑音（ざつ おん）

雑木林（ぞうき ばやし）

いろいろなものが混（ま）じる

◆すーい

サン

●酸（す）っぱいブドウ＊

酸性（さん せい）

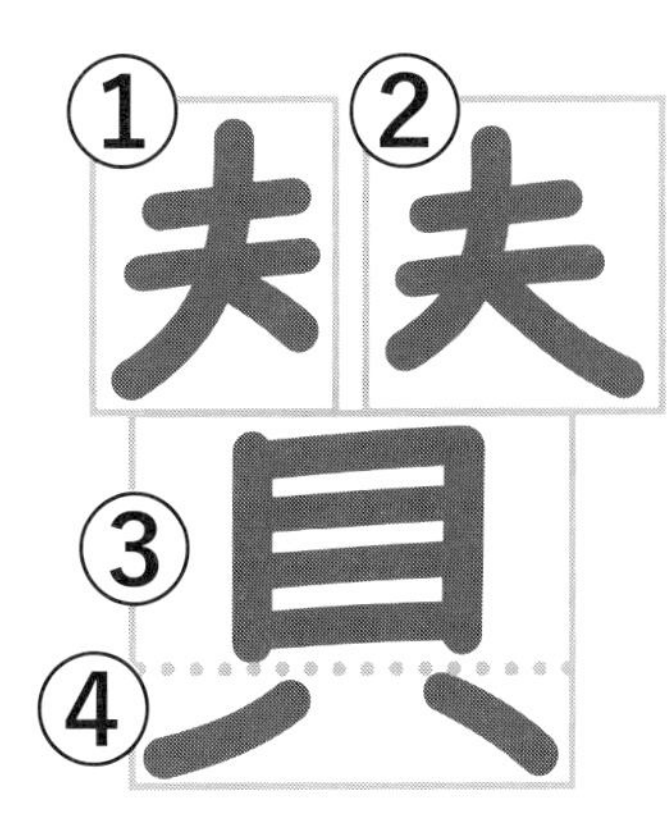

●サン

友だちの意見に賛成（さん　せい）する。

全員の賛同（さん　どう）を得た。

力をかす／同意する

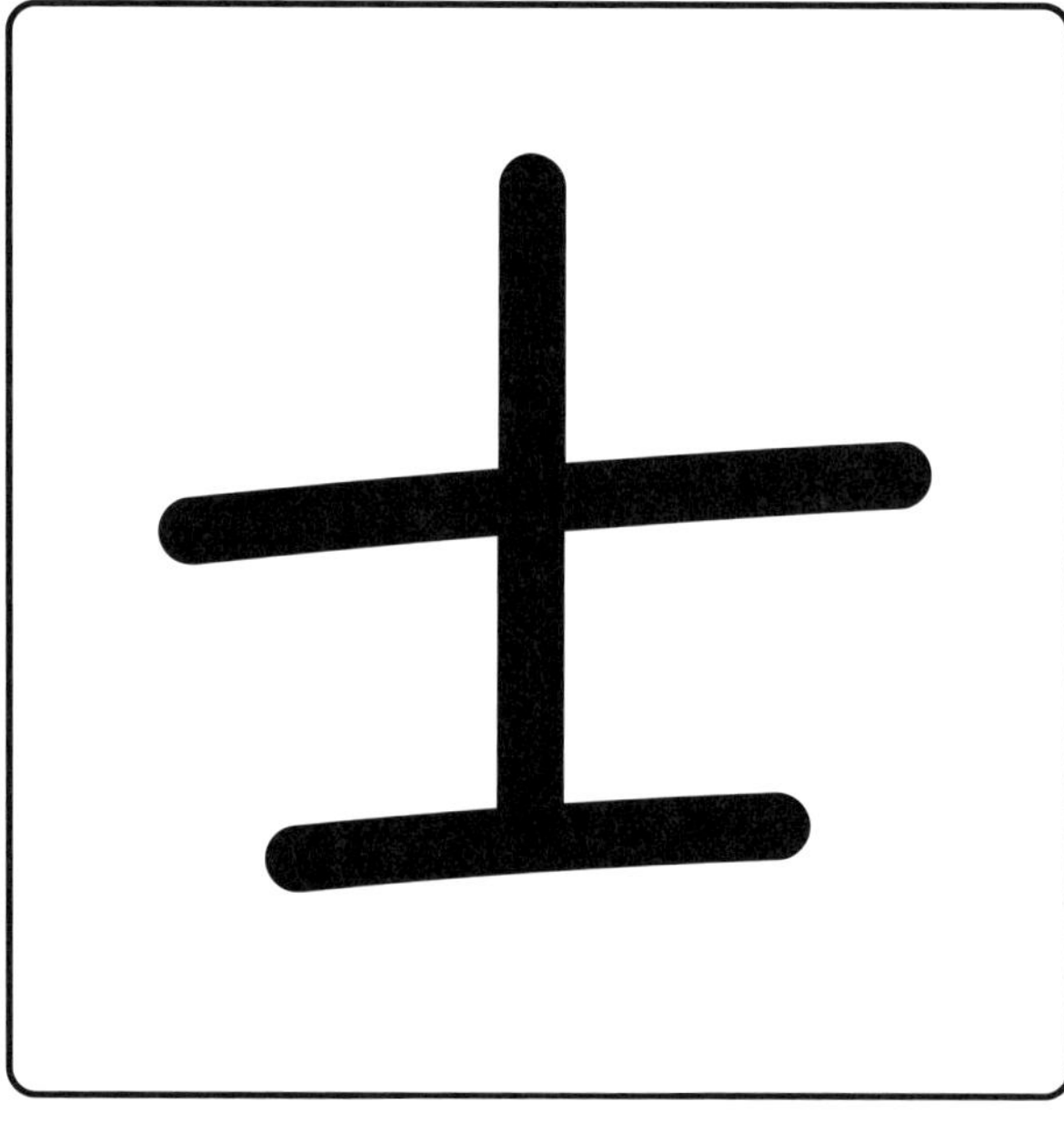

おとこ／軍人(ぐんじん)／資格(しかく)をもった人(ひと)

◆ ―

シ

● 力士（りきし）＝おすもうさんのこと。

弁護士（べんごし）を目指(めざ)す。

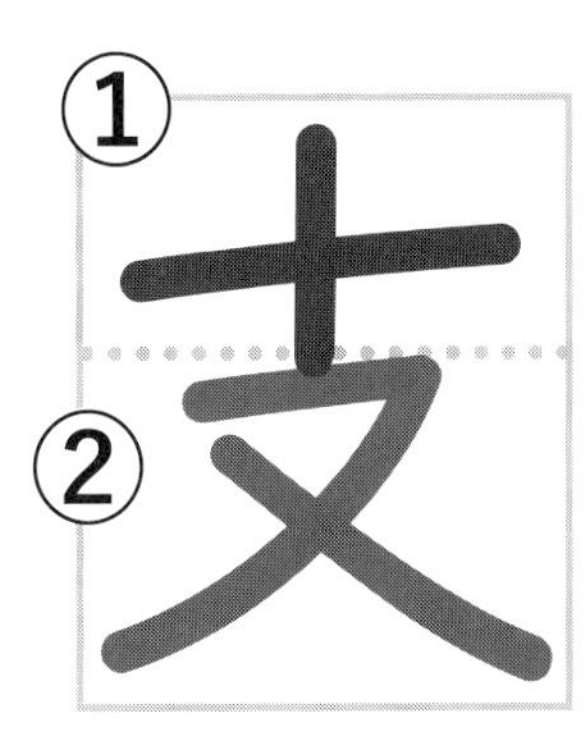

◆ささ－える

シ

●リーダーを支（ささ）える。

支部（しぶ）

史

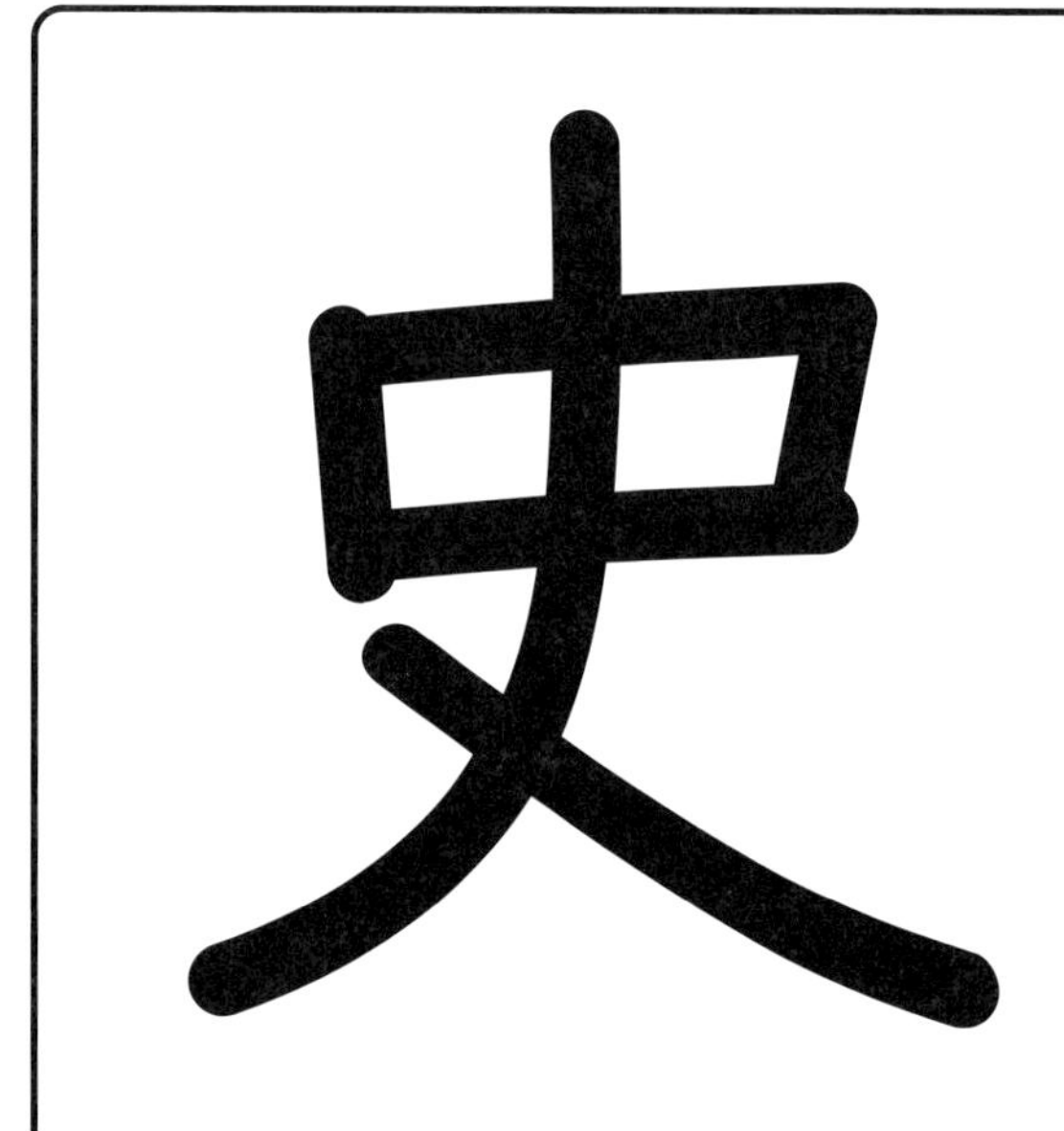

れきし

◆ ―

シ

●歴史（れきし）

郷土史（きょうどし）を調（しら）べる。

◆こころざ－す、こころざし

シ

●歌手(かしゅ)を志(こころざ)す。

志(こころざし)を高(たか)く持(も)つ。

看護師(かんごし)を志望(しぼう)する。

意志(いし)が強(つよ)い。

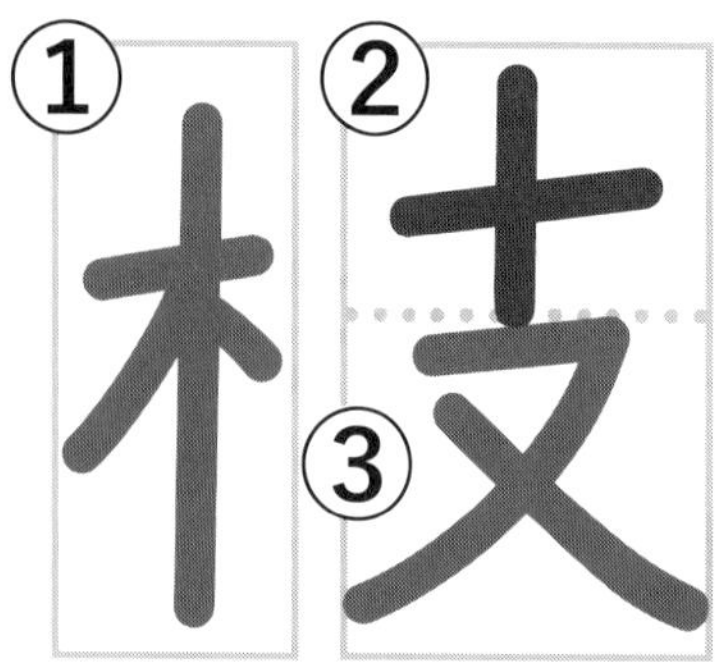

◆えだ

シ

●枝（えだ）を折（お）る。

枝葉（しよう）末節（まっせつ）

＝それほど重要（じゅうよう）ではない、どうでもいいこと。

細（ほそ）い枝（えだ）が枝（し）垂（だ）れる。

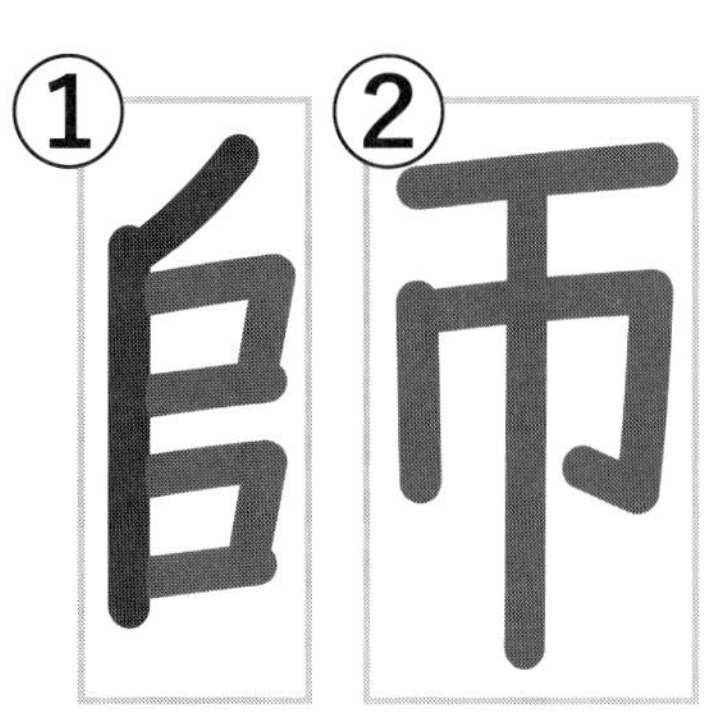

◆ ――

シ

● 看護師（かんごし）

教師（きょうし）になりたい。

教え導く人／技術をもった人

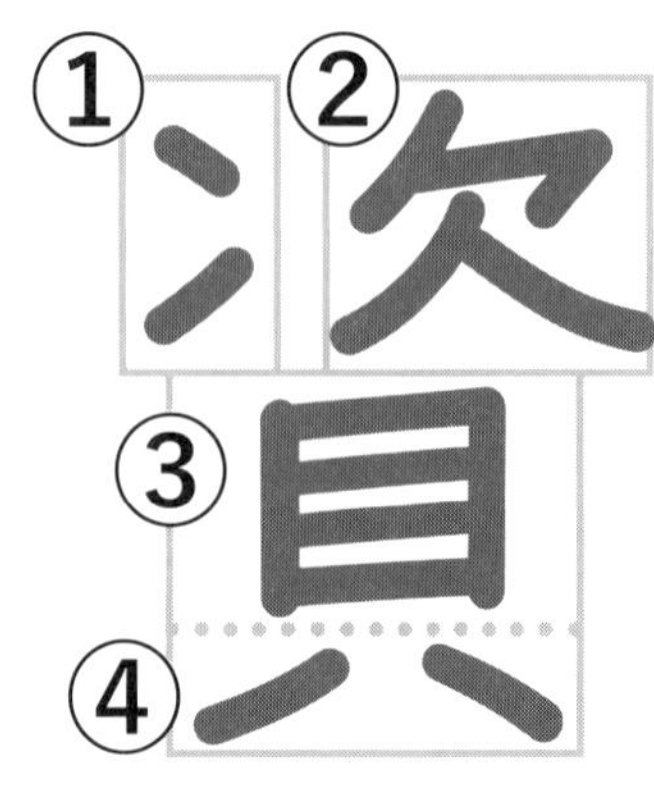

もとで／役立(やくだ)つもの／身分(みぶん)

◆ ―

シ

●資料（しりょう）を配(くば)る。

資源（しげん）ゴミ

保育士(ほいくし)の資格（しかく）を取(と)る。

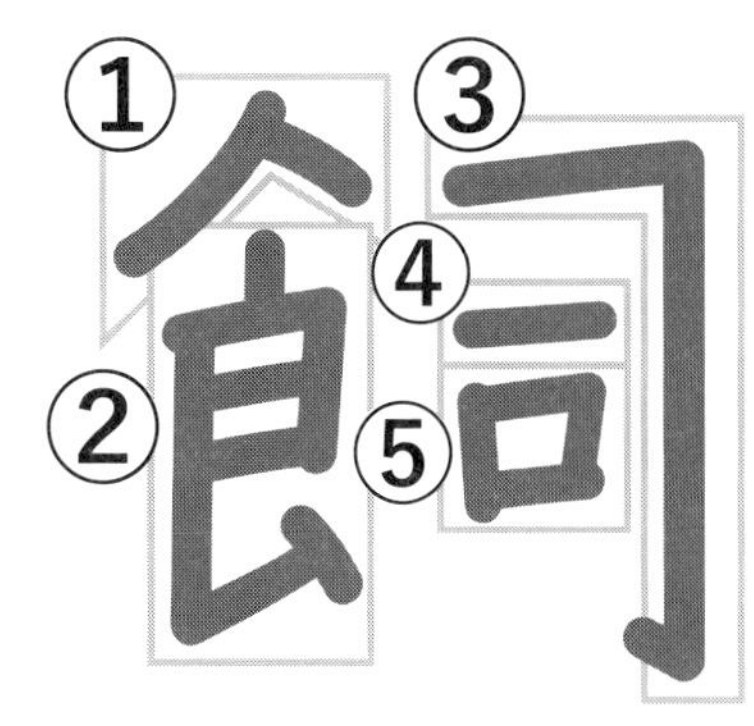

◆かーう

シ

●犬（いぬ）を飼（か）う。

牛（うし）を飼育（しいく）する。

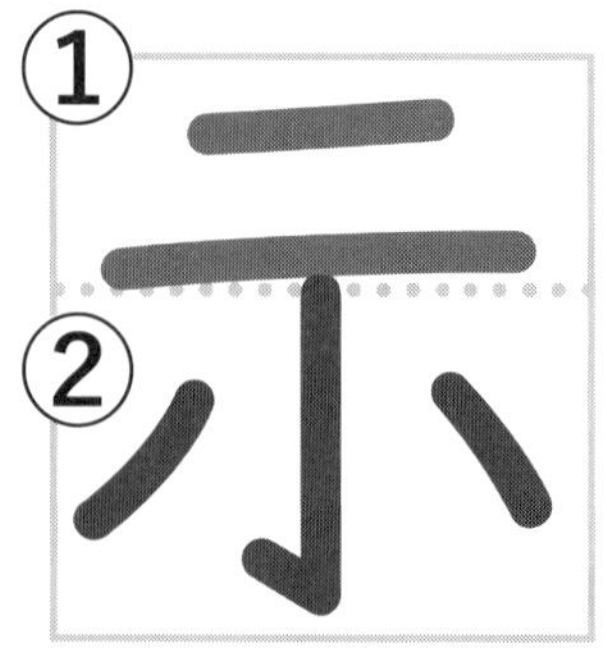

◆しめ－す

ジ、シ

●行き方を示（しめ）す。

表示（ひょうじ）

図示（ずし）

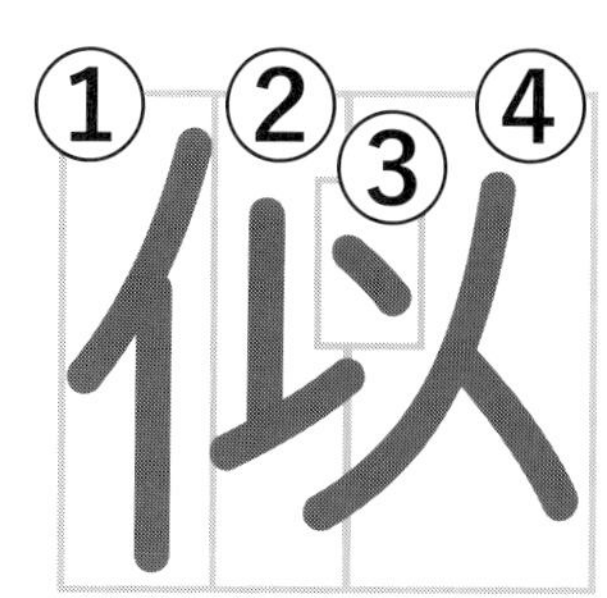

◆に－る

ジ

●よく似(に)た漢字(かんじ)

この2つは類似(るいじ)点(てん)が

ある。

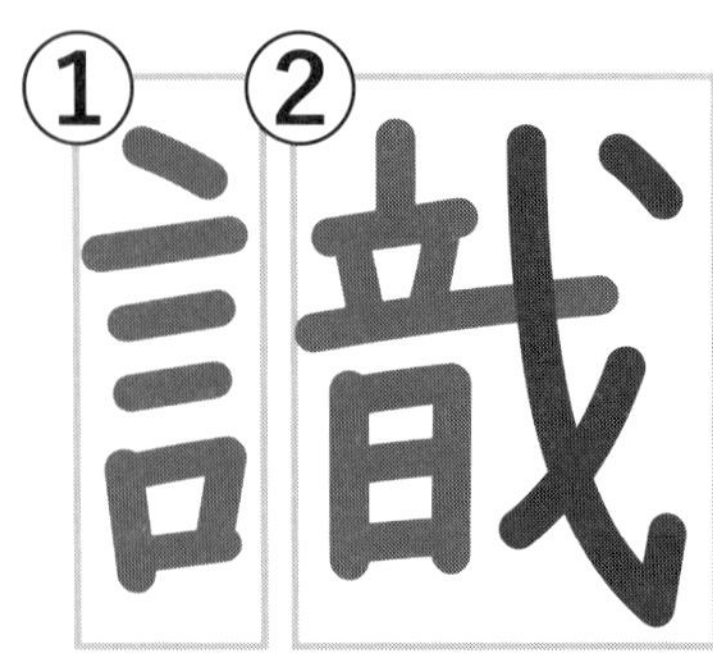

考え/見分ける

◆ シキ

◆ ―

● 豊かな知識（ちしき）

本物とにせ物を識別（しきべつ）する。

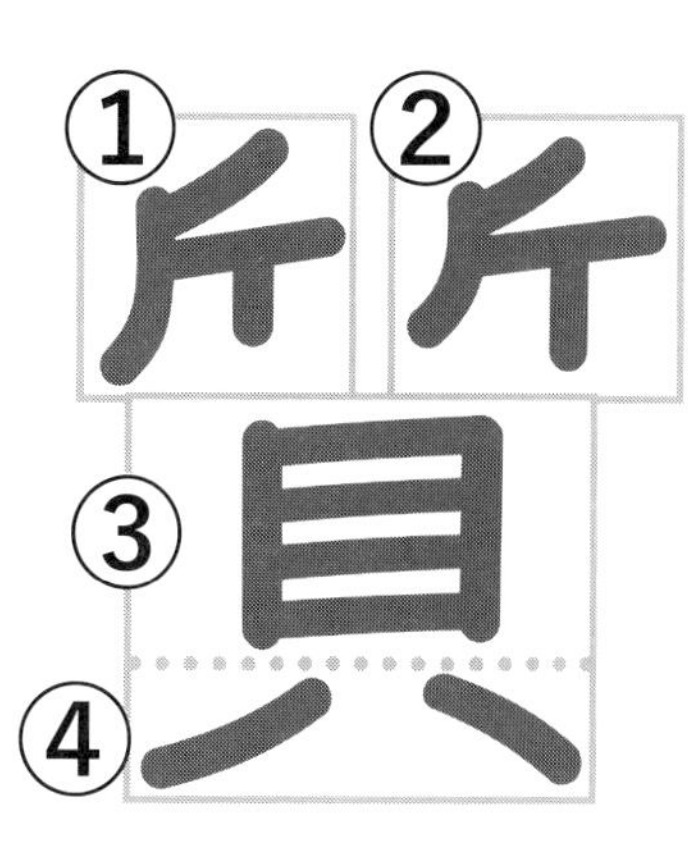

◆ ―

シツ、シチ、チ

● 性質（せいしつ）

先生（せんせい）に質問（しつもん）する。

人質（ひとじち）

言質（げんち）を取（と）る。

＝後（あと）で証拠（しょうこ）になる言葉（ことば）を相手（あいて）から引（ひ）き出（だ）すこと。

ものが成（な）り立（た）つもと

建物（たてもの）

◆ シャ ―

● 校舎（こうしゃ）
宿舎（しゅくしゃ）

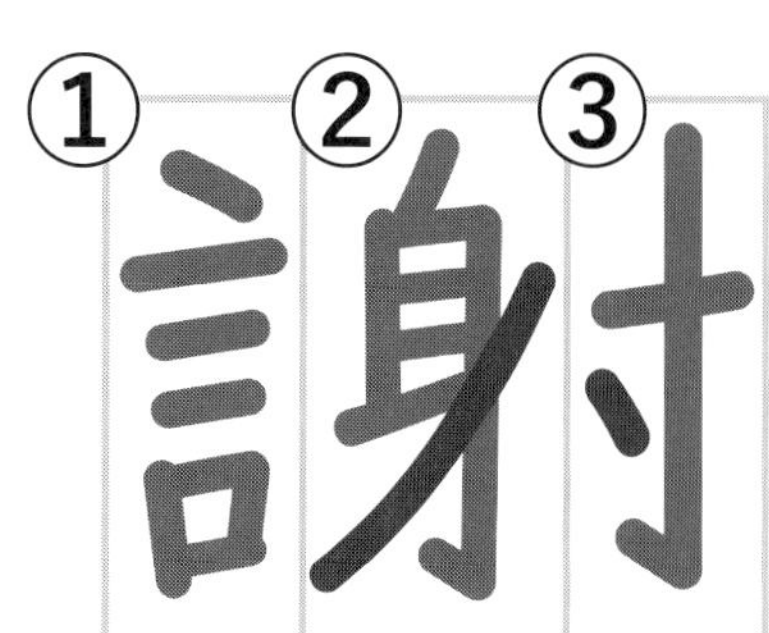

◆あやま－る
シャ

●素直（すなお）に謝（あやま）る。
コーチに感謝（かんしゃ）する。

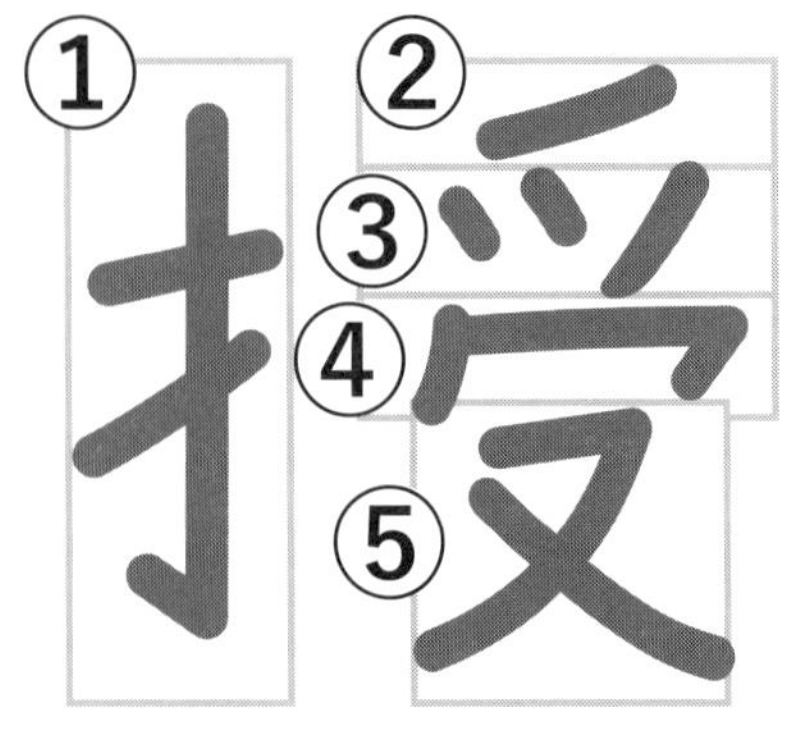

◆さず－ける、さず－かる
ジュ

●知恵(ちえ)を授(さず)ける。
子(こ)どもを授(さず)かる。
授業(じゅぎょう)

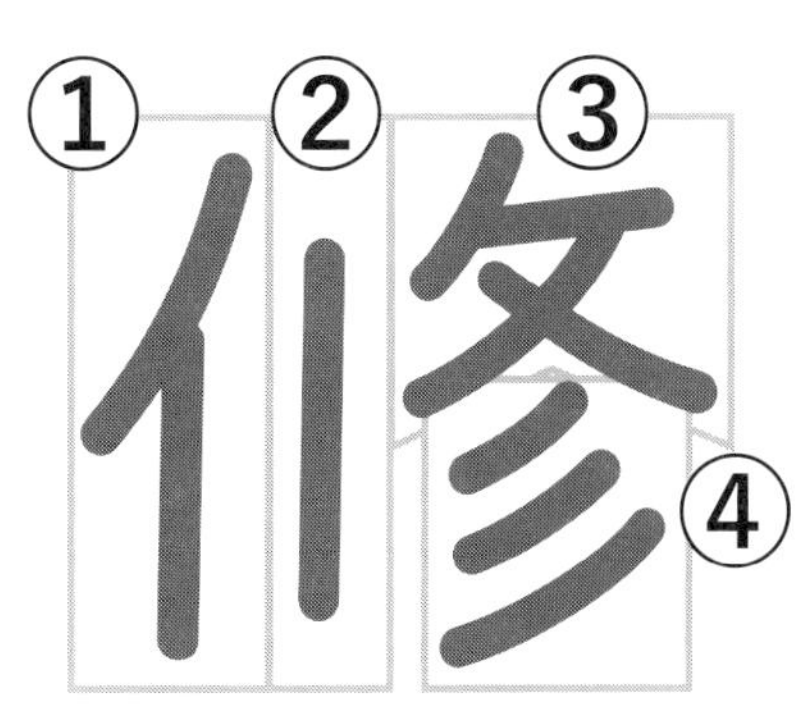

◆おさ－める、おさ－まる

シュウ、シュ

●学問（がくもん）を修（おさ）める。

研修（けんしゅう）を受（う）ける。

自転車（じてんしゃ）を修理（しゅうり）する。

修行（しゅぎょう）

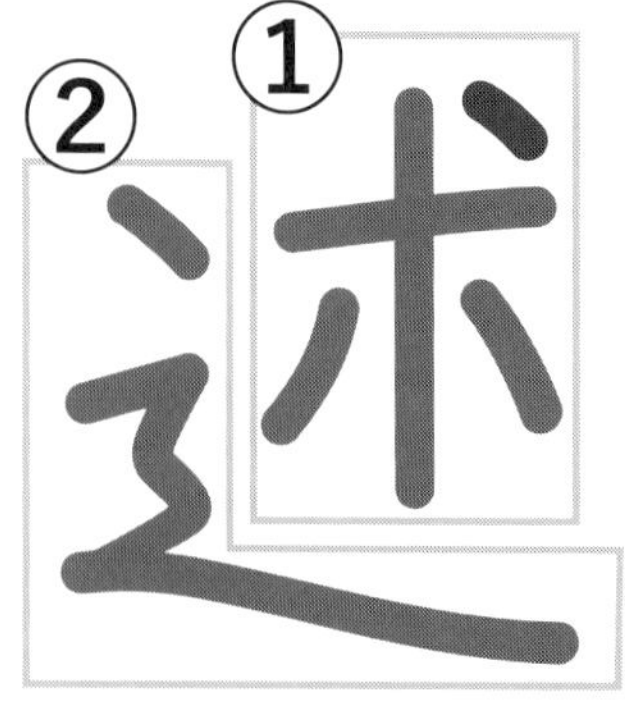

◆の－べる

ジュツ

●考(かんが)えを述(の)べる。

答(こた)えを記述(きじゅつ)する。

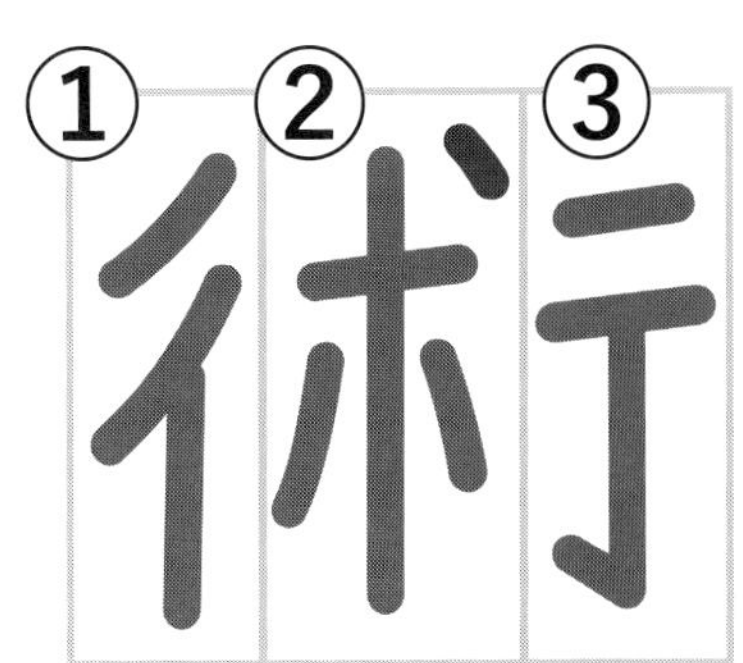

◆ ―

ジュツ

● 手術（しゅじゅつ）を受（う）ける。

芸術（げいじゅつ）家（か）

わざ／方法（ほうほう）

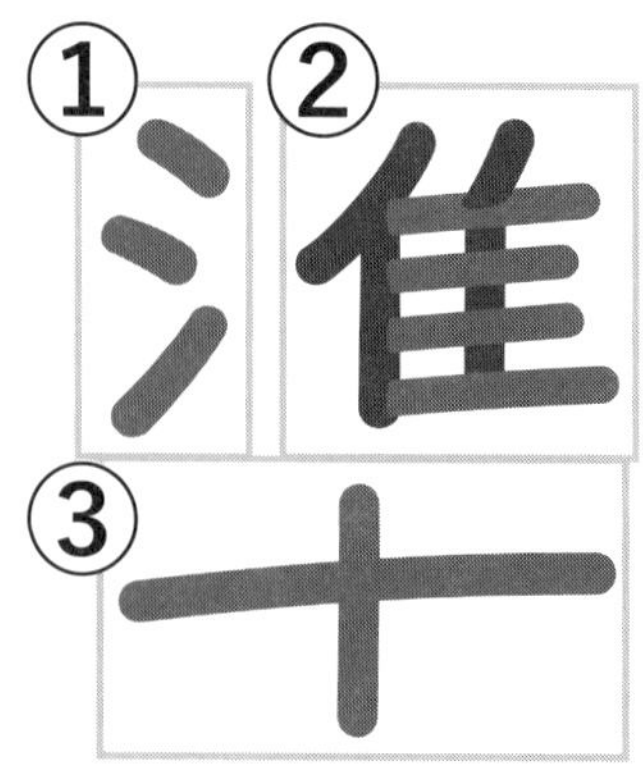

手本（てほん）／よりどころ

◆ ―

ジュン

●遠足（えんそく）の準備（じゅんび）をする。

基準（きじゅん）

準優勝（じゅんゆうしょう）

前例（ぜんれい）に準（じゅん）じる。

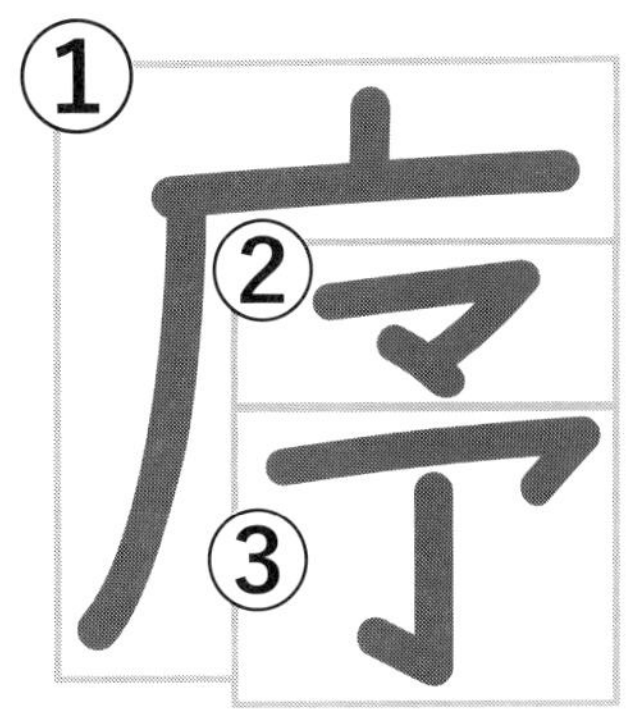

◆ ―

ジョ

● 順序（じゅん じょ）

序曲（じょ きょく）

物事（ものごと）のならぶ順（じゅん）

招

◆まね－く
ショウ
●パーティーに招（まね）く。
夕食（ゆうしょく）に招待（しょうたい）する。

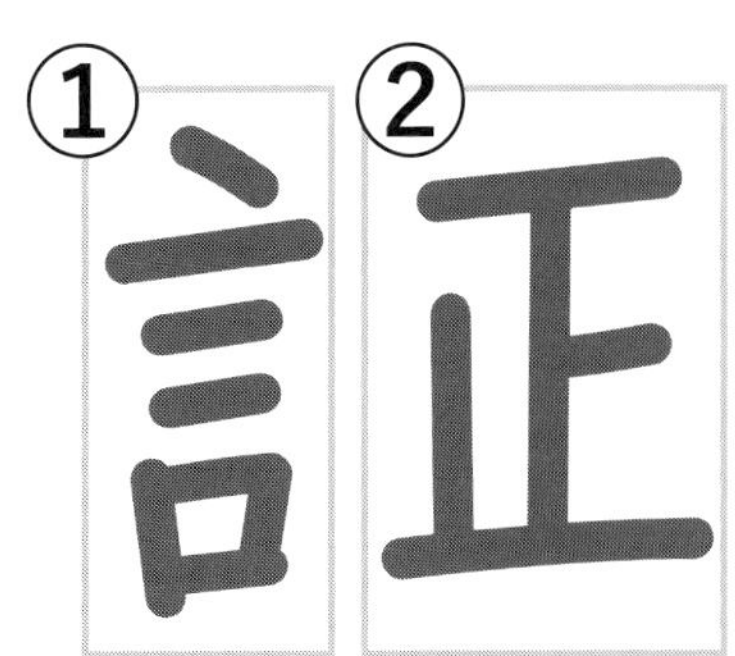

◆ ─

ショウ

●無実（むじつ）を証明（しょうめい）する。

登校許可証（とうこうきょかしょう）

本当（ほんとう）のことを明（あき）らかにする

現(あらわ)れるかたち／（動物(どうぶつ)の）ぞう

◆ ―

ショウ、ゾウ

● 不思議(ふしぎ)な現象（げんしょう）

象（ぞう）は鼻(はな)が長(なが)い。

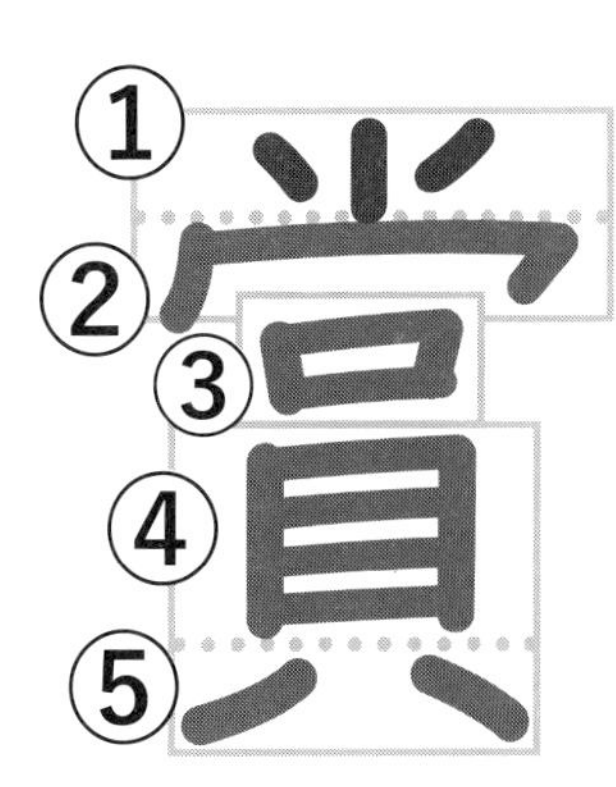

◆ ショウ

●賞品（しょう ひん）
コンクールで入賞（にゅう しょう）する。

ほめる／ほうび

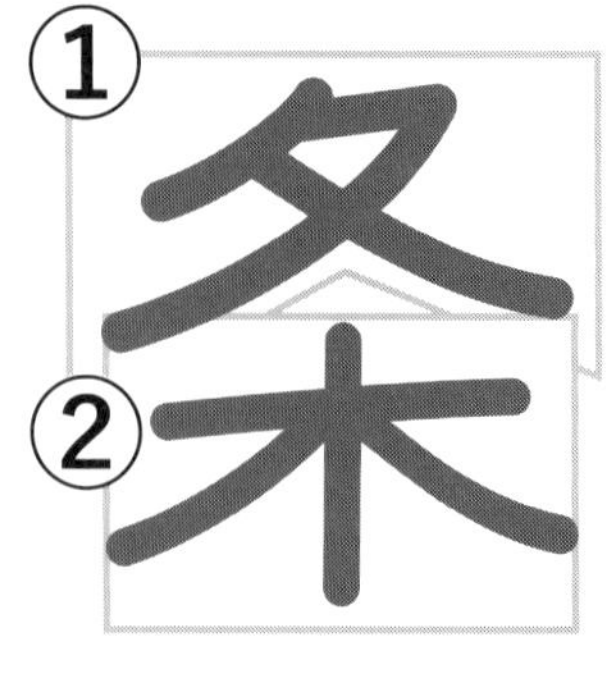

すじみち／書き分けられた事柄

◆ —

ジョウ

● 必要な条件（じょう けん）

平和条約（へい わ じょう やく）

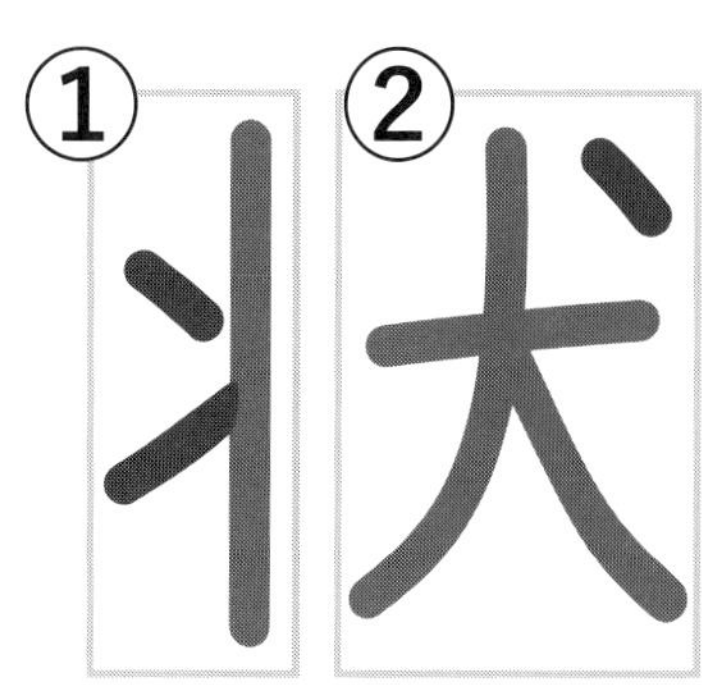

◆ ―

ジョウ

●賞状（しょう じょう）
安定（あんてい）した状態（じょう たい）

ようす／書（か）いたもの

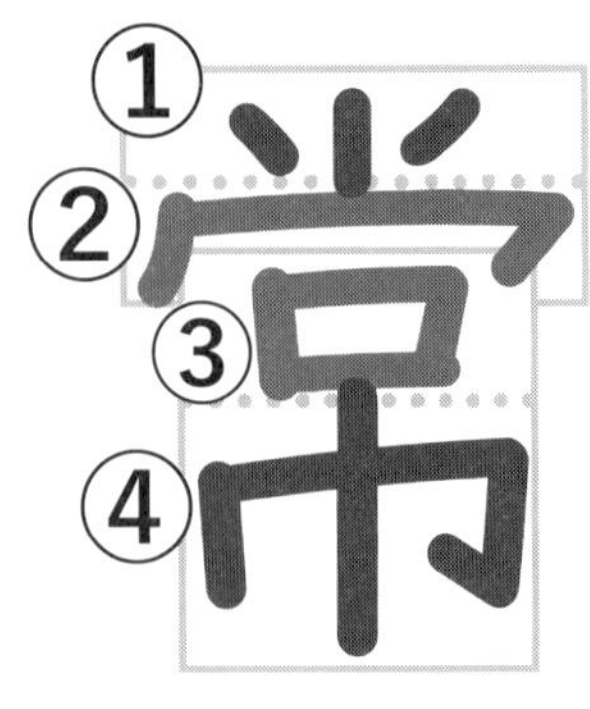

◆つね、とこ

ジョウ

●常（つね）に注意（ちゅうい）する。

常夏（とこ なつ）の国（くに）

常夏＝いつも夏（なつ）のようであること。

常識（じょう しき）にとらわれない。

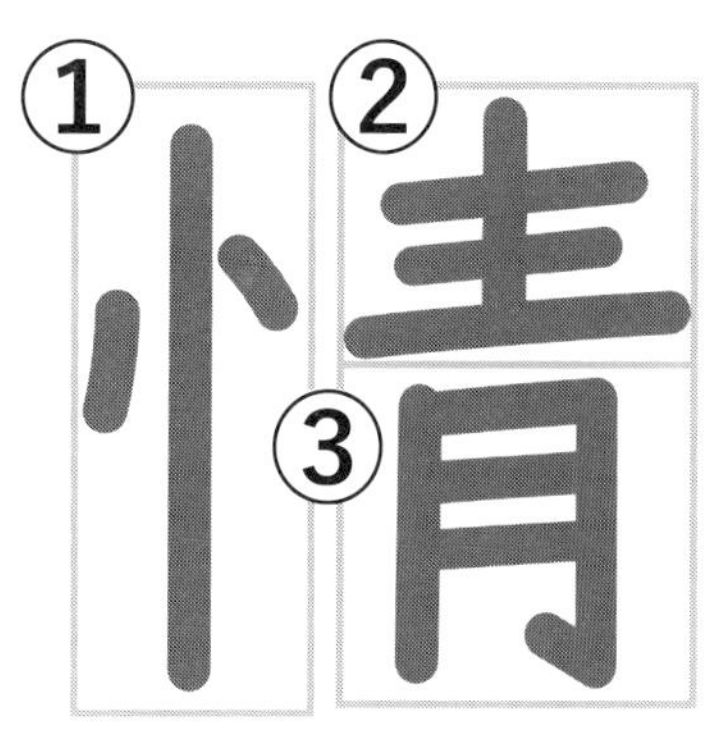

◆なさ－け

ジョウ、セイ

●情（なさ）けをかける。

心情（しんじょう）

情報（じょうほう）を集（あつ）める。

風情（ふぜい）がある。

①② 織

織

◆おーる

ショク、シキ

●布(ぬの)を織(お)る。

染織（せんしょく）

組織（そしき）

職

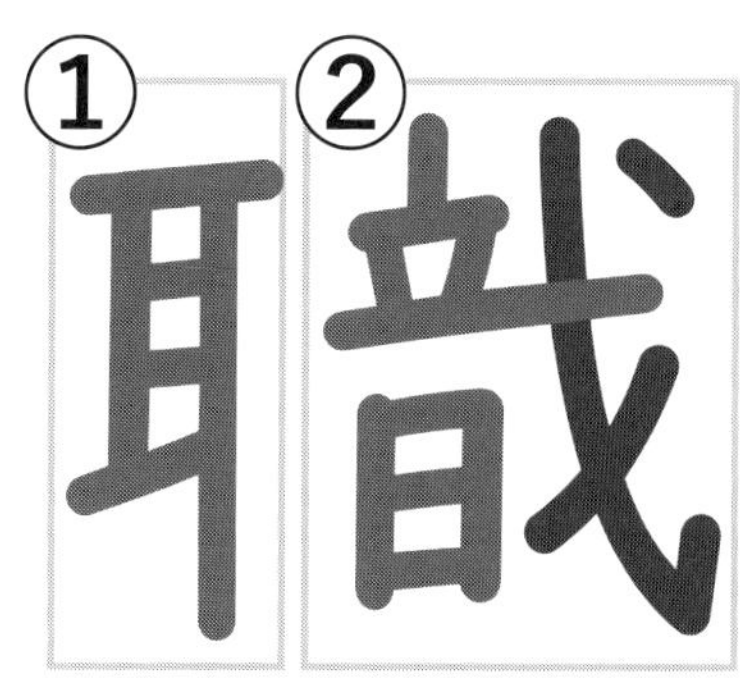

◆ —

ショク

● 職員室（しょく いん しつ）

職場（しょく ば）

車(くるま)の会社(かいしゃ)に就職（しゅう しょく）する。

役目(やくめ)／仕事(しごと)

制

①制 ②制

ととのえる／おさえつける

◆ ―
セイ

● 速度（そくど）を制限（せいげん）する。
制度（せいど）
制服（せいふく）を着（き）る。
新（あたら）しい体制（たいせい）で会社（かいしゃ）を立（た）て直（なお）す。

性

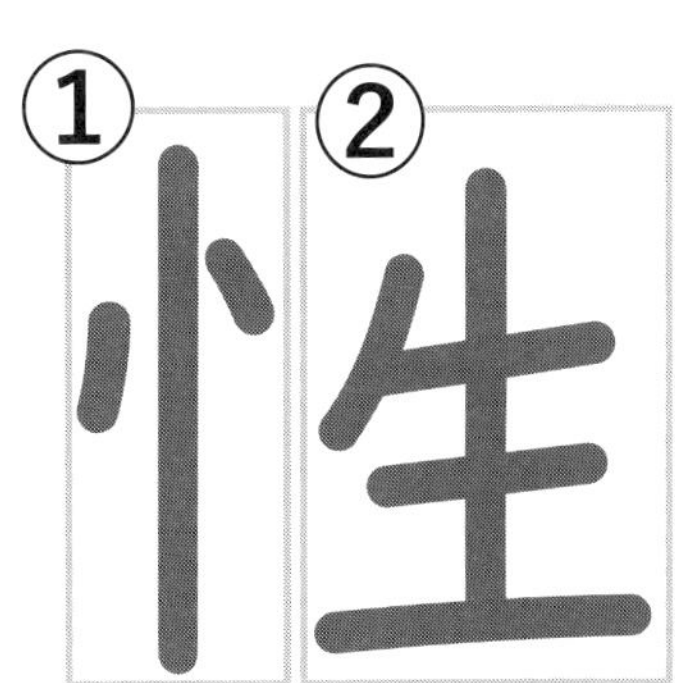

◆ —

セイ、ショウ

●やさしい性格（せいかく）

本性（ほんしょう）を現（あらわ）す。

うまれつき（の性質（せいしつ））

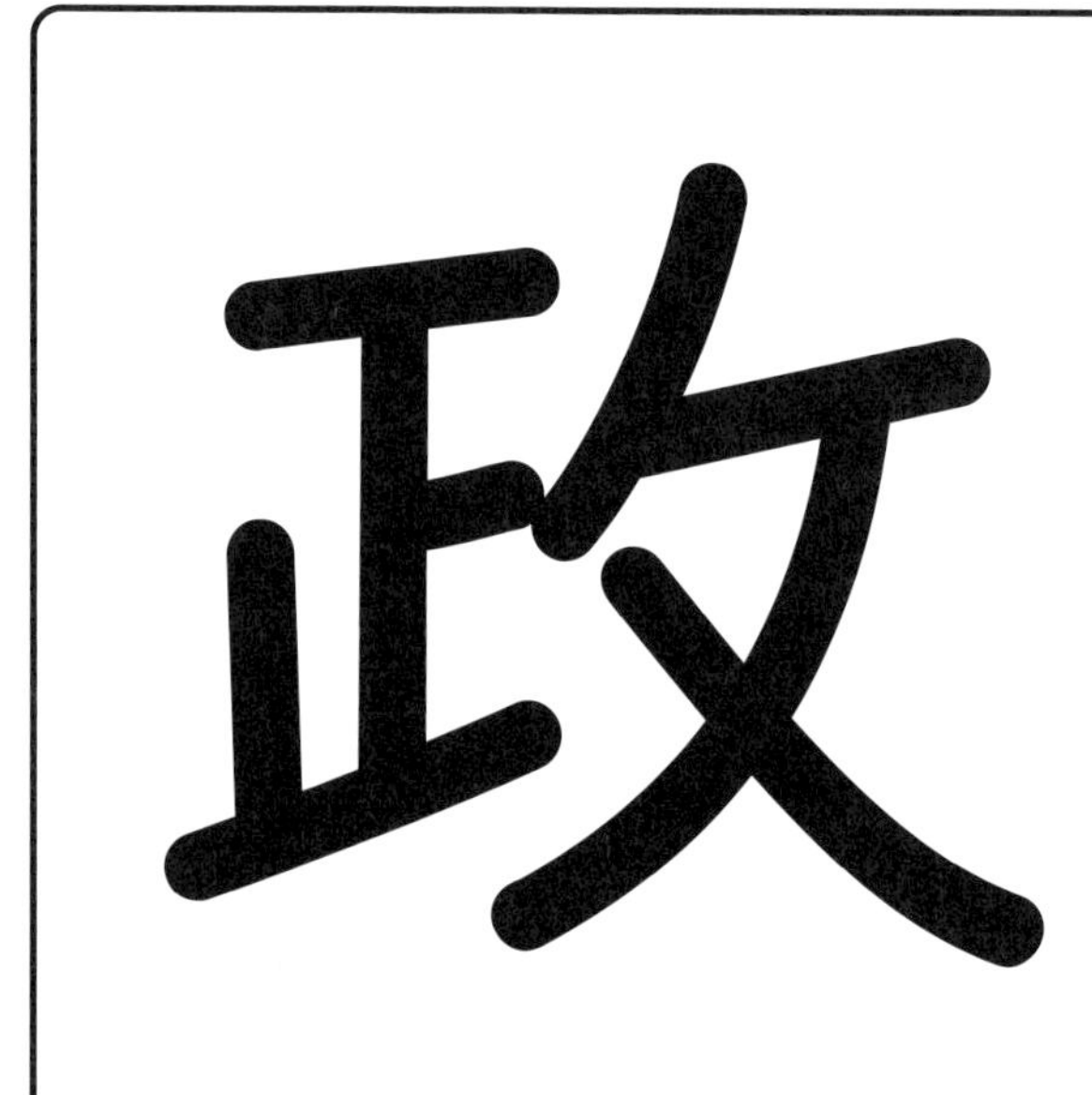

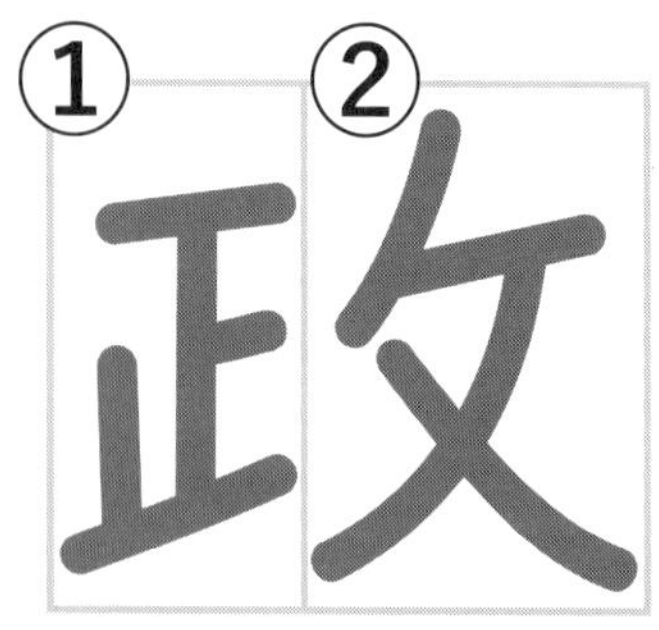

◆まつりごと

セイ、ショウ

●政（まつりごと）を行う。

＝政治を行うこと。世の中を治めること。

政治（せいじ）

太政官（だじょうかん）＊

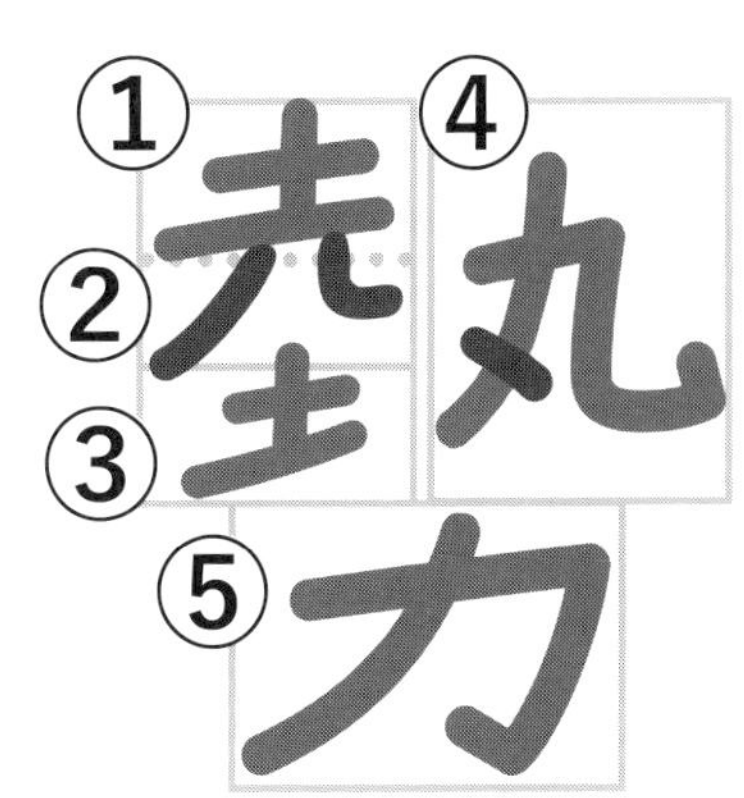

◆いきおーい

セイ

●勢（いきお）いよく立（た）ち上（あ）がる。

勢力（せいりょく）

きれいにした／心（こころ）／優（すぐ）れた

◆ ―

セイ、ショウ

●精米（せいまい）

精神（せいしん）力（りょく）をきたえる。

研究（けんきゅう）に精進（しょうじん）する。

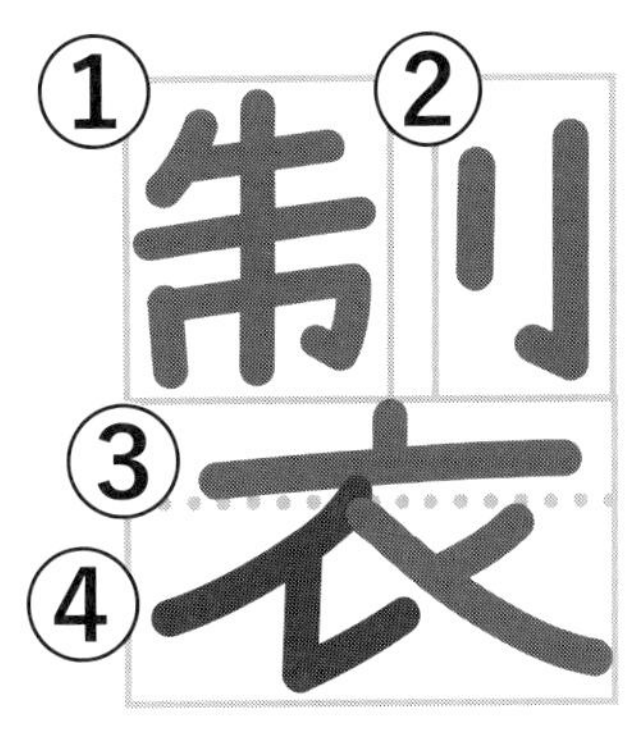

◆ ――

セイ

● 製品（せいひん）

絵画（かいが）を複製（ふくせい）する。

作（つく）る／仕立（した）てる

国(くに)が取(と)りたてるお金(かね)

◆ ―

ゼイ

● 税金（ぜいきん）をはらう。

消費税（しょうひぜい）

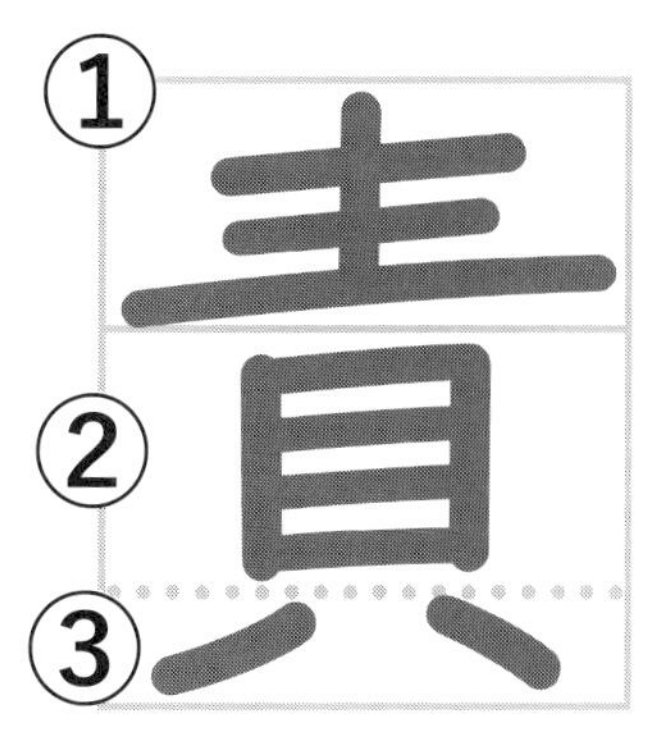

◆せ－める
セキ
●自分(じぶん)を責（せ）めることはない。
責任（せきにん）感(かん)が強(つよ)い。

績

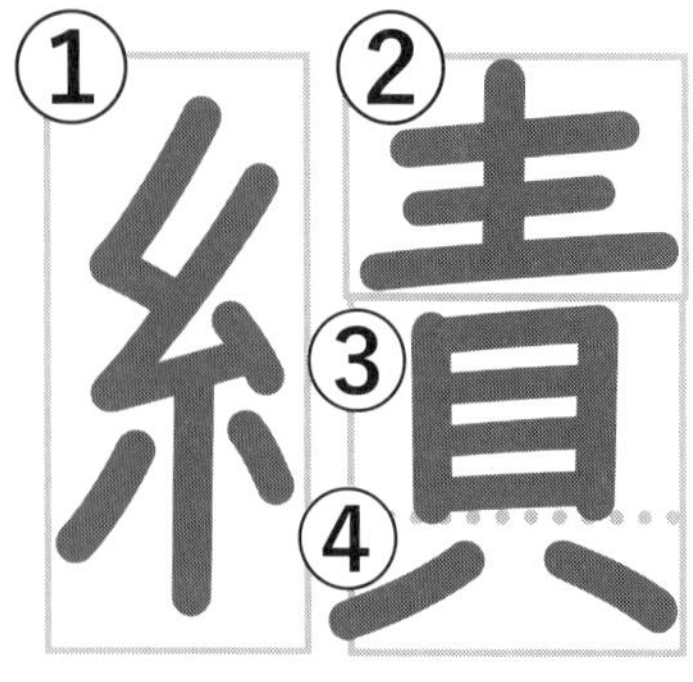

つむぐ／手柄(てがら)

◆—

セキ

●成績（せいせき）が上(あ)がる。

功績（こうせき）を残(のこ)す。

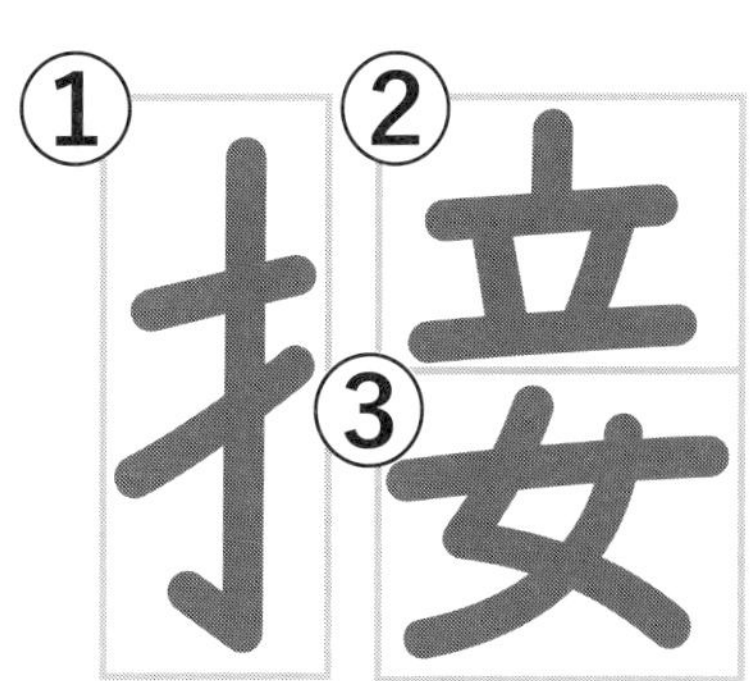

◆つーぐ

セツ

●接（つ）ぎ*木（き）

インターネットに接続（せつ ぞく）する。

面接（めん せつ）を受（う）ける。

人（ひと）と接（せっ）*する仕事（しごと）

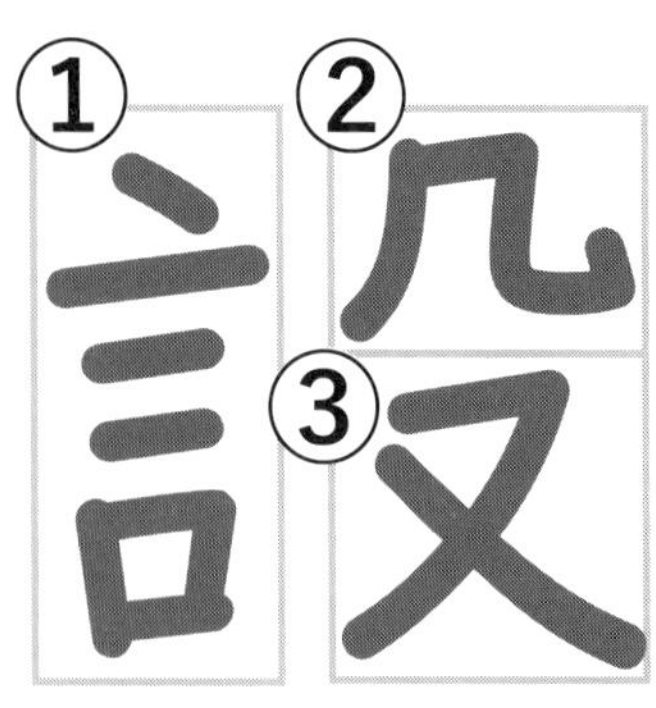

そなえつける／つくる

◆もう－ける

セツ

●明確（めいかく）なルールを設（もう）ける。

ビルを建設（けんせつ）する。

目標（もくひょう）を設定（せってい）する。＊

◆たーえる、たーやす、たーつ

ゼツ

●命(いのち)が絶（た）える。

火(ひ)を絶（た）やす。

友(とも)だちとの交流(こうりゅう)を絶（た）つ。

絶望（ぜつ　ぼう）する。

絶対（ぜったい）にあきらめない。＊

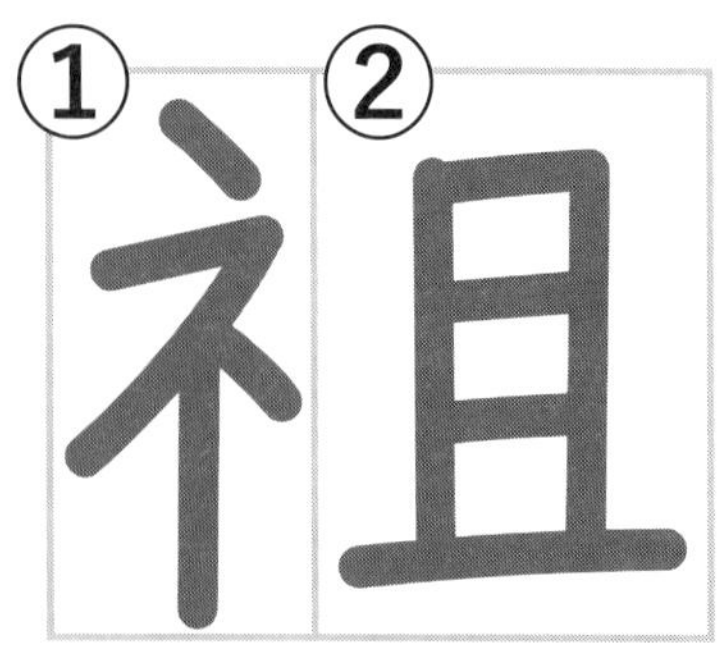

親の親／世代を重ねた

◆ ソ

● 元祖（がんそ）
先祖（せんぞ）
鳥の祖先（そせん）
祖国（そこく）を思い出す。

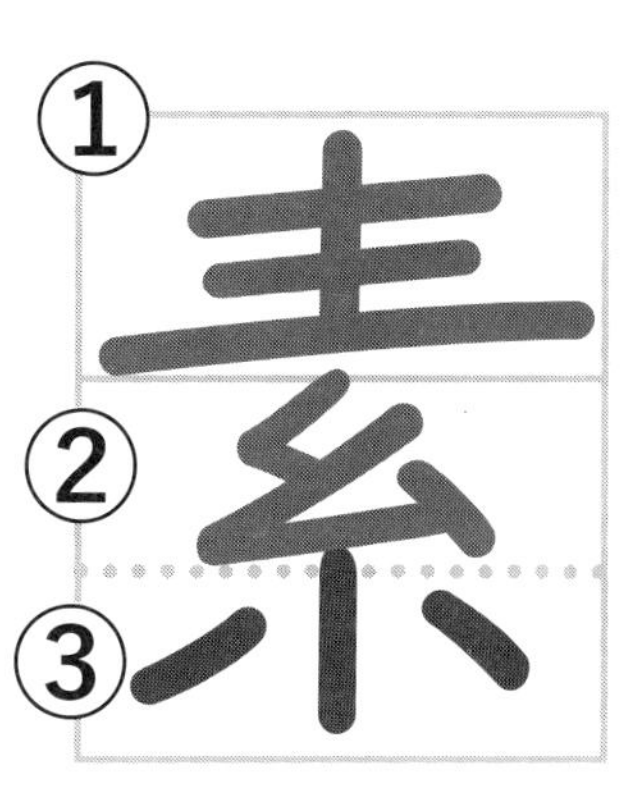

◆ ―
ソ、ス

●
元素（げんそ）
イラスト素材（そざい）をさがす。
リーダーの素質（そしつ）がある。
素足（すあし）で歩（ある）く。
素顔（すがお）

もとのまま／いつもの

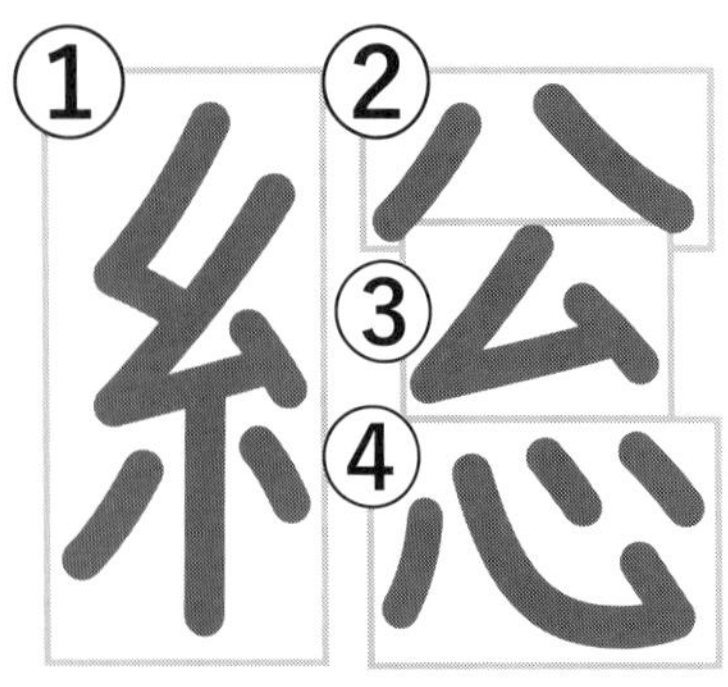

一(ひと)つにまとめる／全体(ぜんたい)の

◆ ―

ソウ

● 総理（そうり）大臣(だいじん)

総合的（そうごうてき）な学習(がくしゅう)

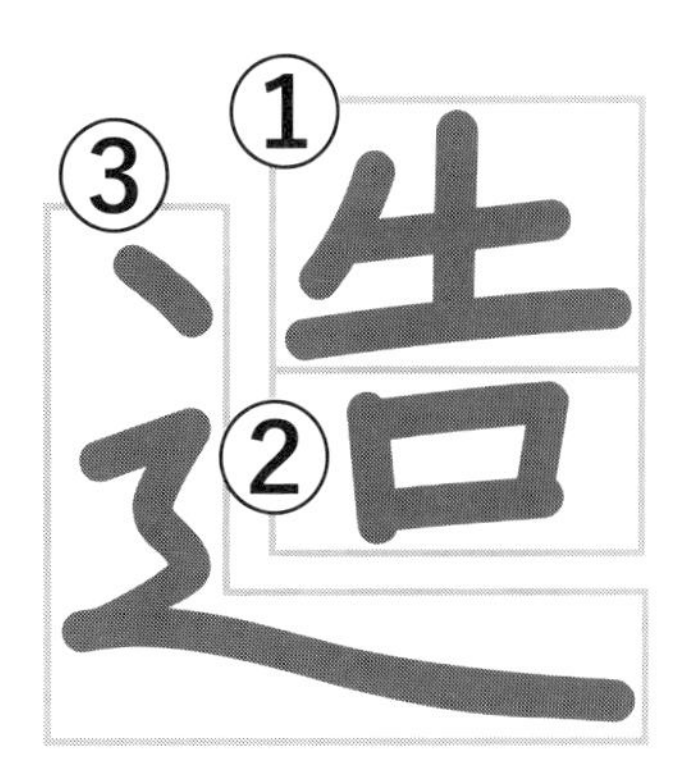

◆つく－る
ゾウ

●酒(さけ)を造(つく)る。
安全(あんぜん)な食品(しょくひん)を製造(せいぞう)する。

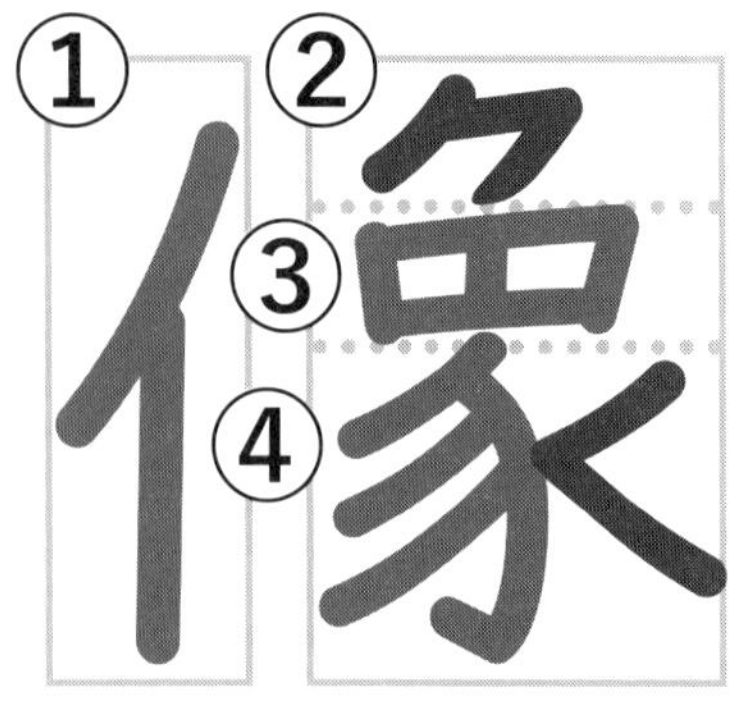

すがた／かたち

◆ ―

ゾウ

●想像（そうぞう）力（りょく）をはたらかせる。

映像（えいぞう）を見（み）る。

聖母（せいぼ）マリア像（ぞう）

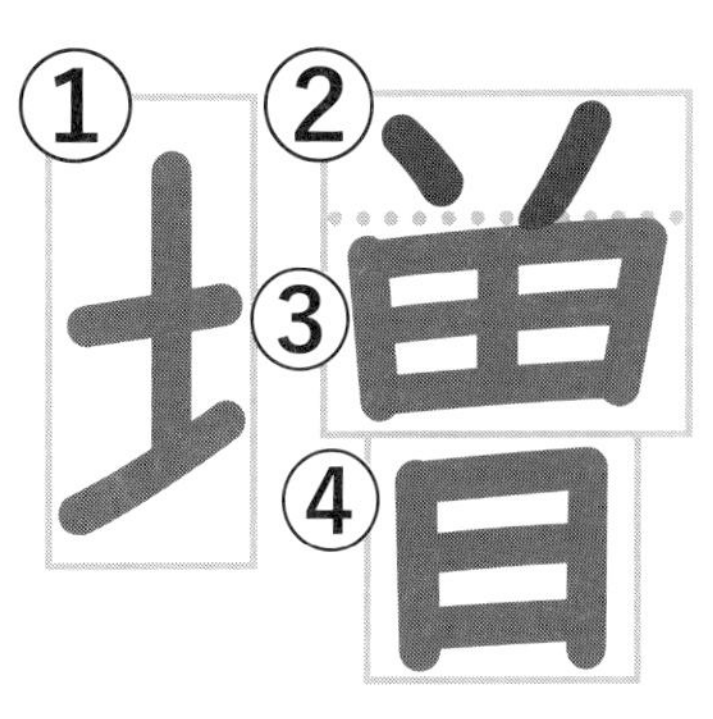

◆まーす
ふーえる、ふーやす

●ゾウ

雨《あめ》で川《かわ》の水量《すいりょう》が増（ま）す。
友《とも》だちが増（ふ）える。
座席《ざせき》を増（ふ）やす。
人口《じんこう》が増加（ぞうか）する。

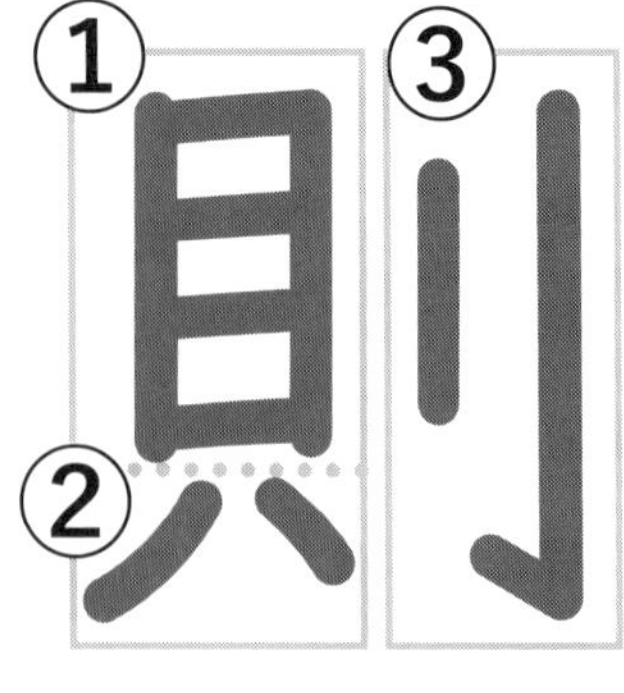

きまり

◆ ——

ソク

●規則（きそく）を守る。

原則（げんそく）として外出はできない。

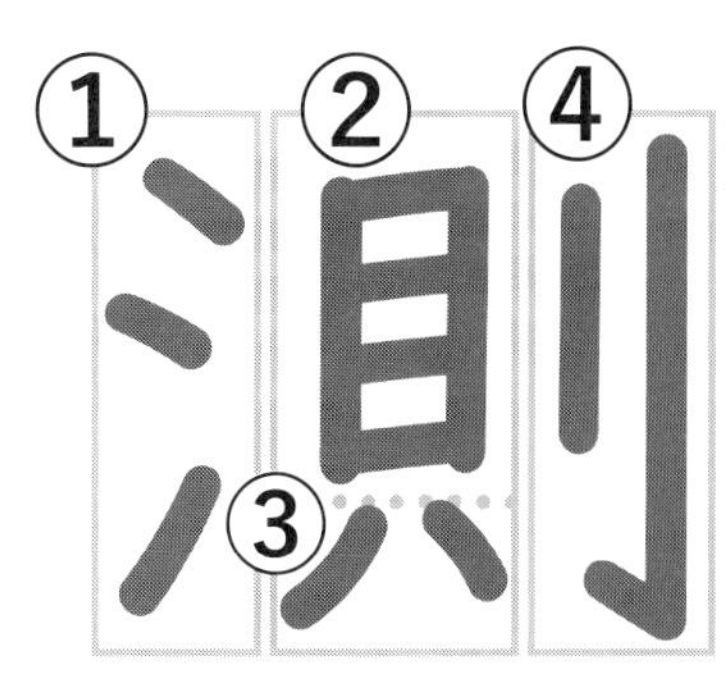

◆はか－る

ソク

●長（なが）さを測（はかる）る。

体重（たいじゅう）を測定（そくてい）する。

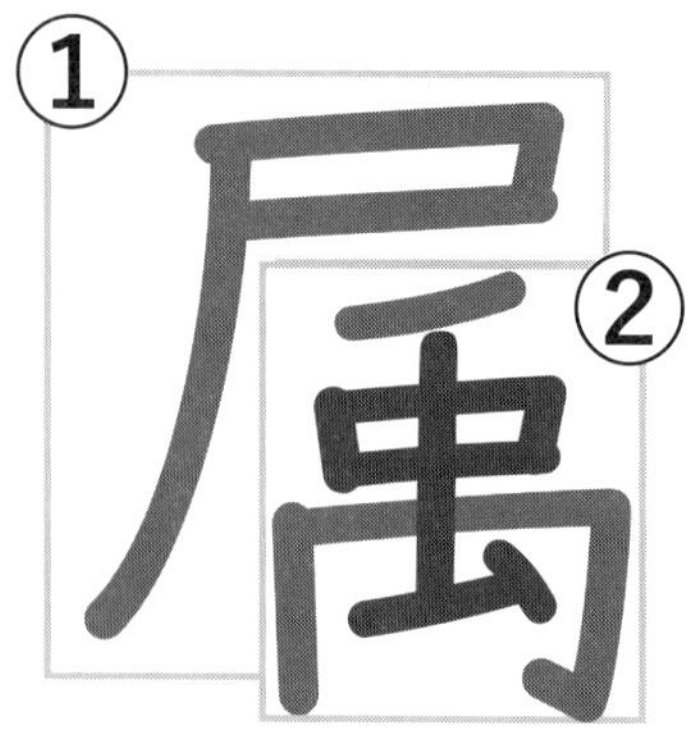

付き従う（つ・したが）／なかま

◆ ―

● ゾク

金属（きんぞく）

トラはネコ科（か）に属（ぞく）している。

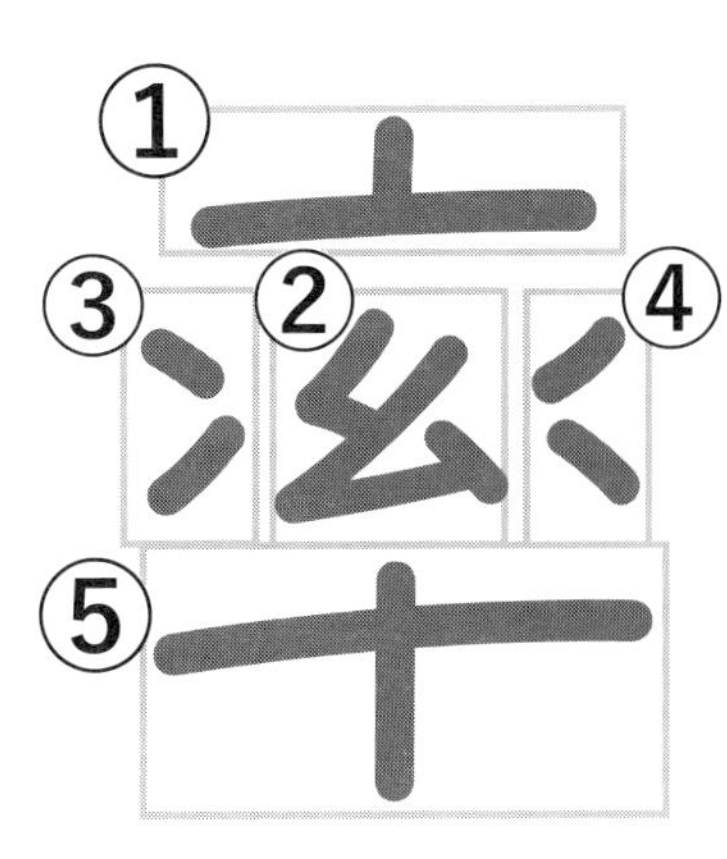

◆ひき－いる
ソツ、リツ

●チームを率（ひき）いる。
生徒（せいと）たちを引率（いんそつ）する。
円周率（えんしゅうりつ）

◆**そこ**－なう、**そこ**－ねる

ソン

●バスに乗(の)り損（そこ）なう。

相手(あいて)の気持(きも)ちを損（そこ）ねる。

損害（そんがい）

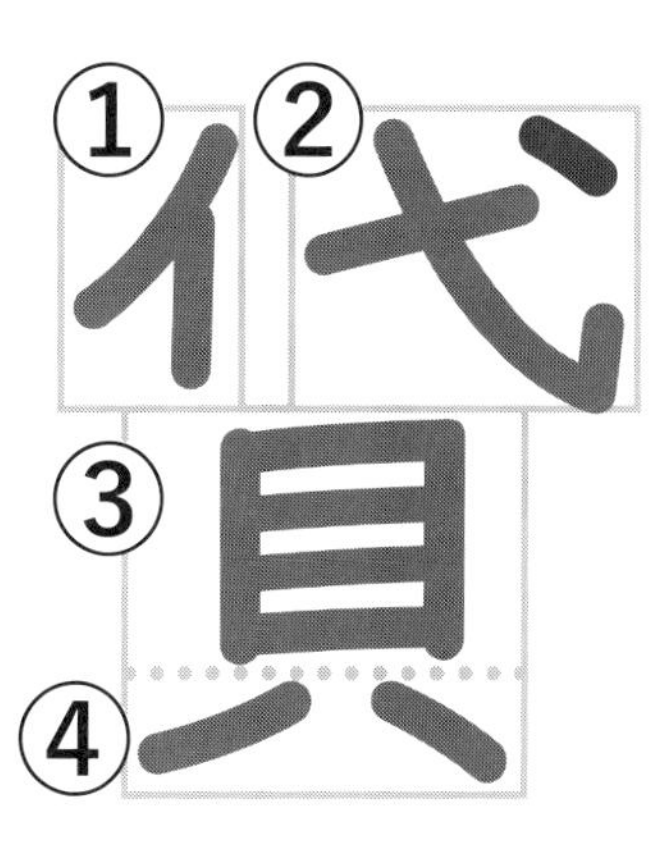

◆か－す

タイ

●場所(ばしょ)を貸(か)す。

貸与(たいよ)

＝返(かえ)すことを条件(じょうけん)に物(もの)やお金(かね)を貸(か)すこと。

ありさま／ふるまい

◆ —

タイ

● 態度（たいど）が悪（わる）い。

ゴリラの生態（せいたい）を調（しら）べる。

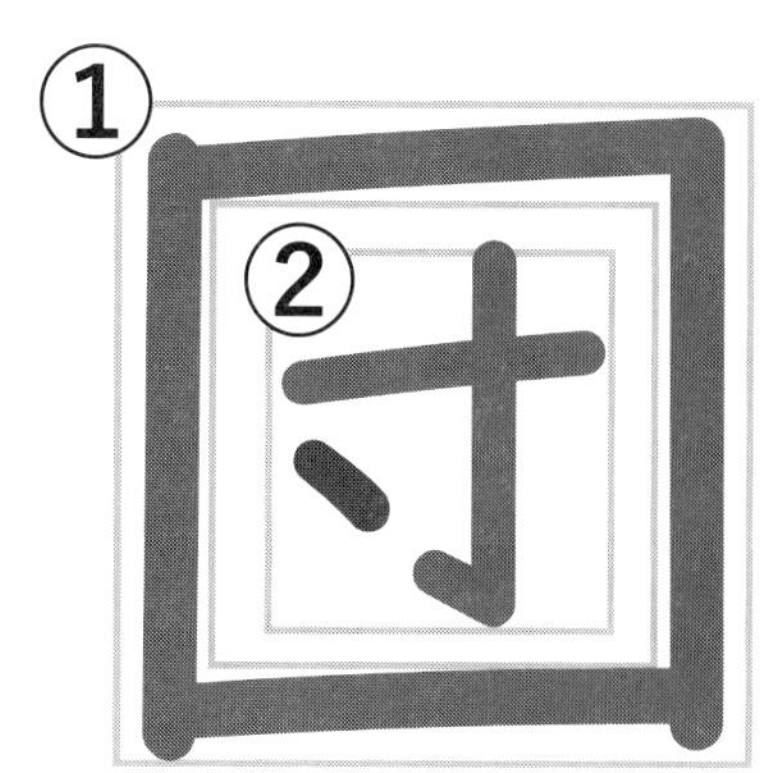

◆ ダン、トン

―

●団体（だんたい）
大（おお）きな集団（しゅうだん）
布団（ふとん）

ひとかたまり

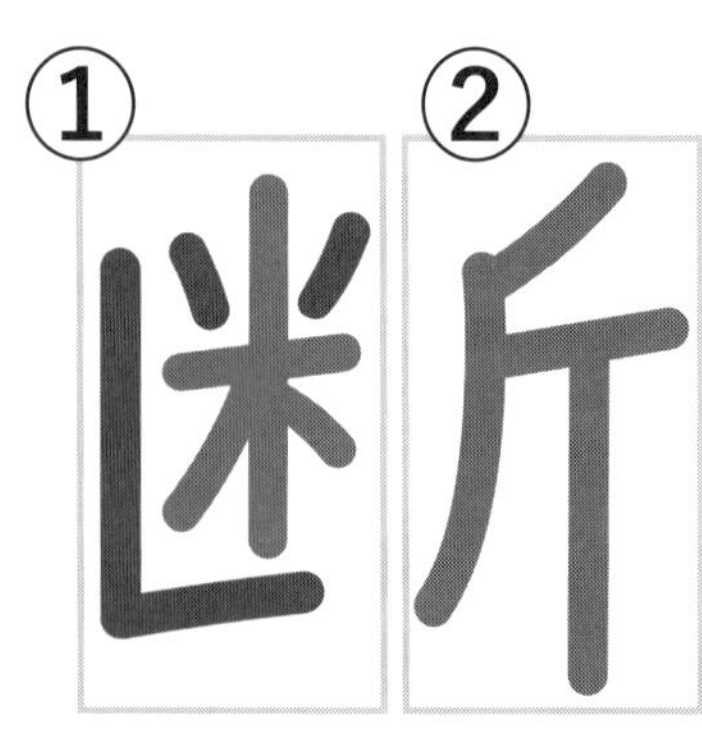

◆たーつ

ことわーる

ダン

●関係(かんけい)を断（た）つ。

申(もう)し出(で)を断（ことわ）る。

この絵(え)は本物(ほんもの)だと断言（だんげん）する。

人(ひと)を外見(がいけん)で判断（はんだん）してはいけない。

◆きず－く

チク

●城(しろ)を築(きず)く。

建築(けんちく)

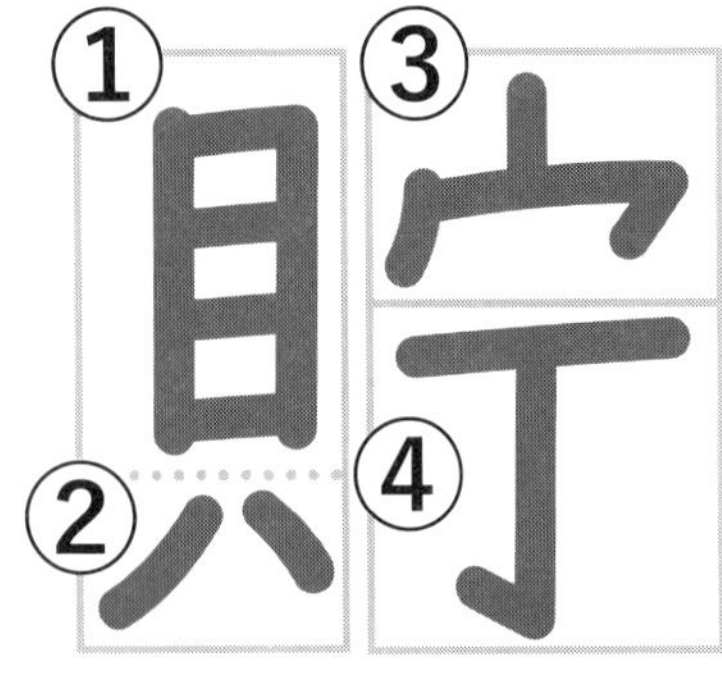

お金(かね)やものをたくわえる

◆ ―

チョ

●おこづかいを貯金(ちょきん)する。

貯水池(ちょすいち)

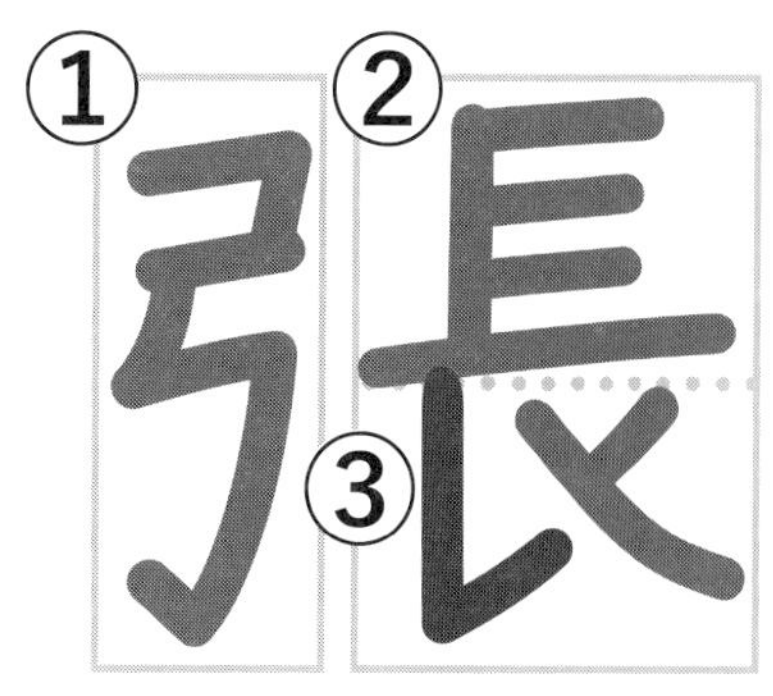

◆はーる
チョウ
●糸(いと)をぴんと張(は)る。
自分(じぶん)の考(かんが)えを主張(しゅちょう)する。

とどまる／途中（とちゅう）でやめる

◆ ―

テイ

● 停止（ていし）

自動車（じどうしゃ）が停車（ていしゃ）する。

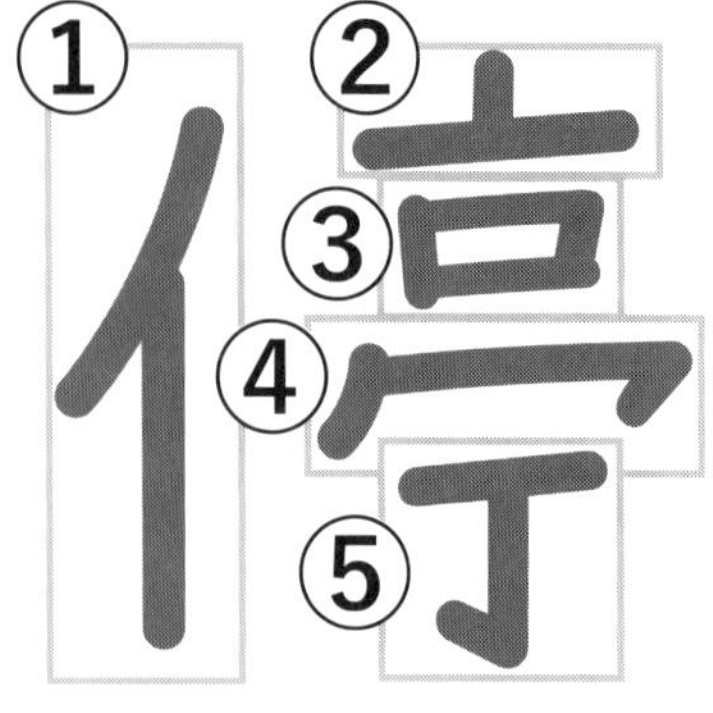

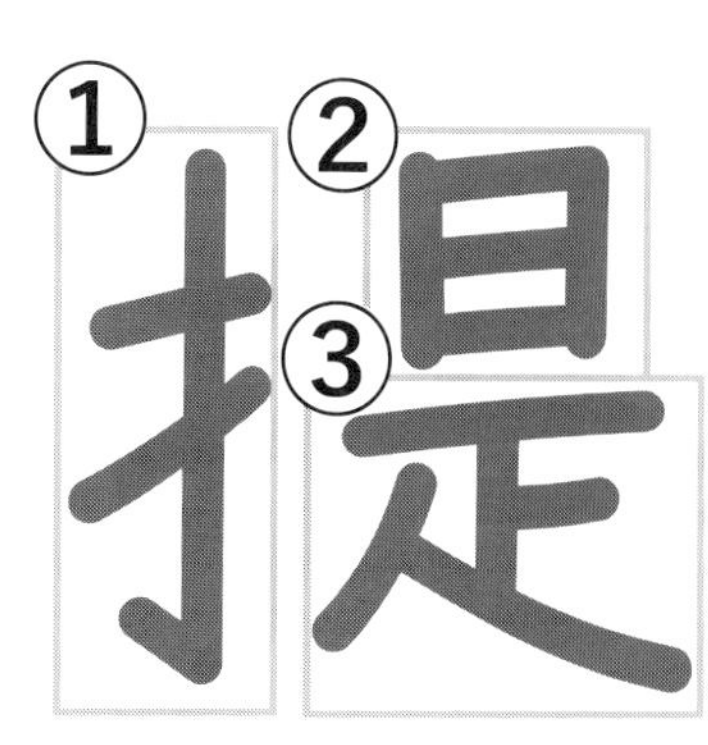

◆さ－げる
テイ

●両手（りょうて）に荷物（にもつ）を提（さ）げる。
価格（かかく）を提示（ていじ）する。

レポートを先生（せんせい）に提出（ていしゅつ）する。

基本的（きほんてき）なルールを理解（りかい）していることが前提（ぜんてい）となる。

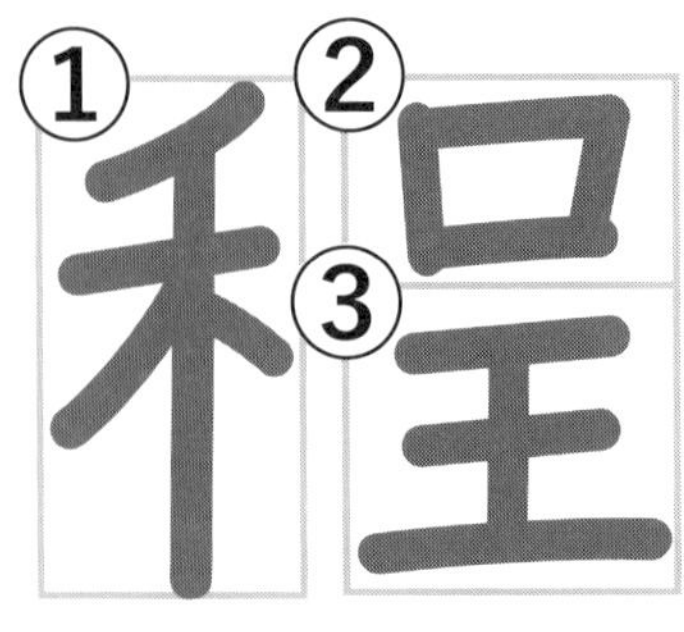

◆ほど

テイ

●程（ほど）なく終(お)わりそうだ。

三日(みっか)程（ほど）休(やす)みをとった。

5分(ふん)程度（ていど）のおくれが生(しょう)じる。

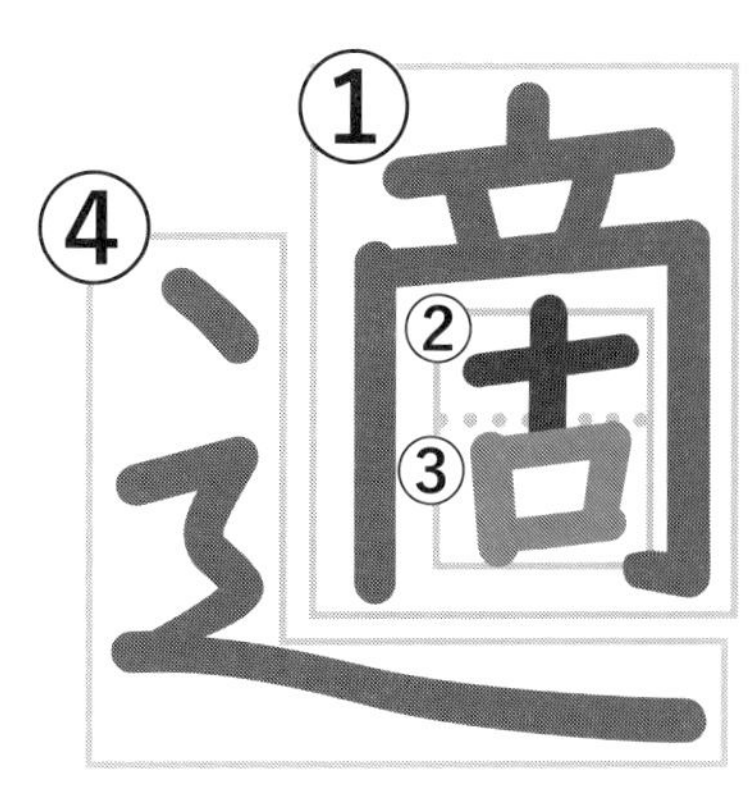

◆ テキ

—

● 適切（てきせつ）な答（こた）えを書（か）く。

快適（かいてき）な気候（きこう）

ちょうどよい

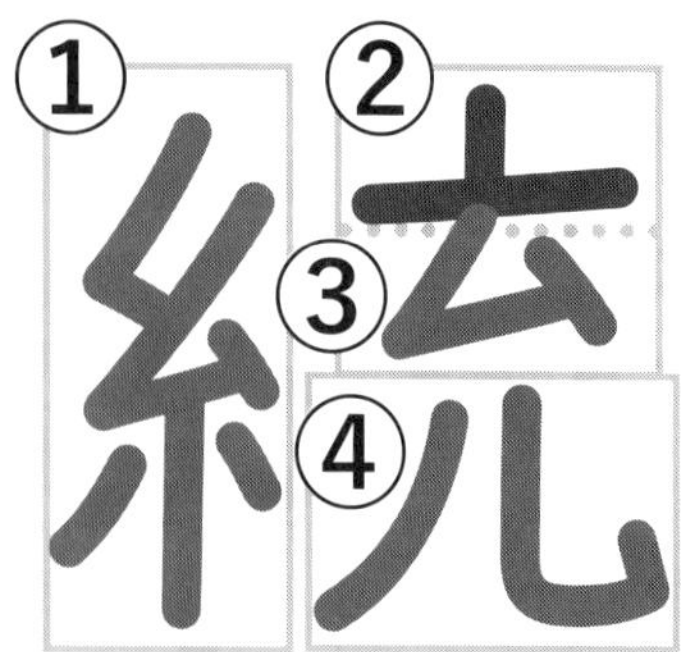

一(ひと)つにまとめる／つながり

◆すーべる
トウ

●国(くに)を統(す)べる。
国(くに)を統一(とういつ)する。
伝統(でんとう)文化(ぶんか)

◆ ―

● ドウ

食堂（しょくどう）

堂（どう）に入った演技

堂に入る＝学問や技術がすぐれて、みごとで
さまになっていること。

りっぱな建物（ようす）

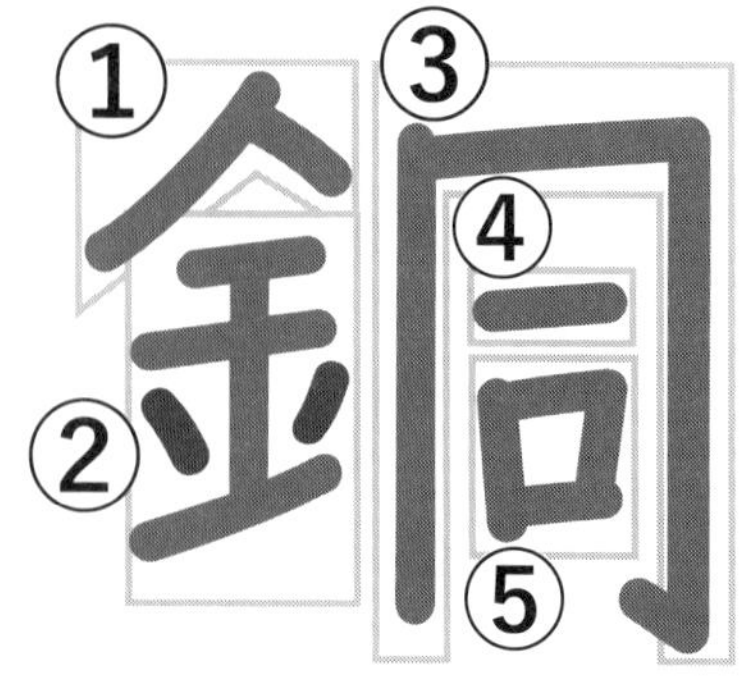

赤(あか)い金属(きんぞく)

◆ ―

ドウ

● 銅像（どう ぞう）

銅（どう）メダルを受(う)け取(と)る。

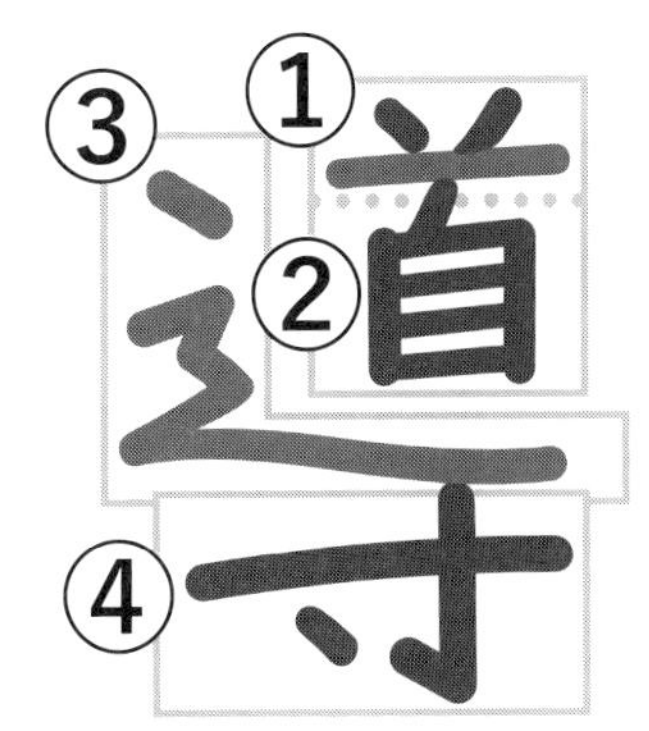

◆みちび－く
ドウ

●成功（せいこう）に導（みちび）く。
生徒（せいと）を指導（しどう）する。

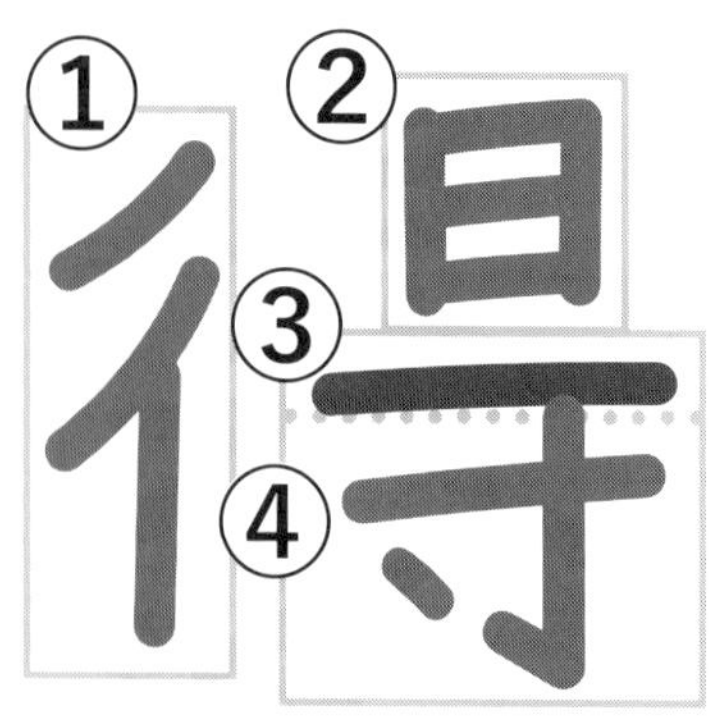

◆え－る、う－る
トク

●利益（りえき）を得（え）る。
あり得（う）る話（はなし）
得意（とくい）なスポーツ

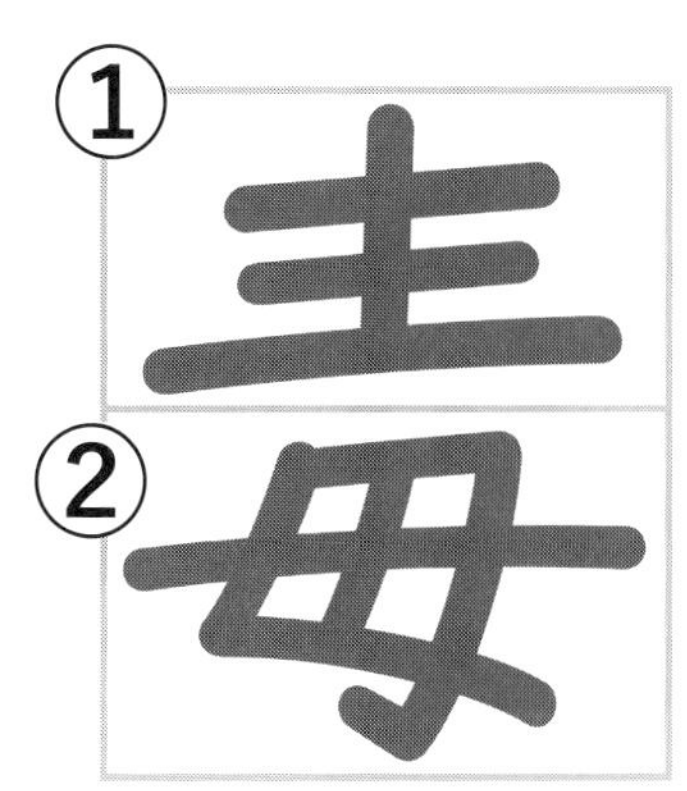

◆ ー

ドク

● 手（て）を消毒（しょうどく）する。

毒（どく）きのこ

命（いのち）や体（からだ）に害（がい）があるもの

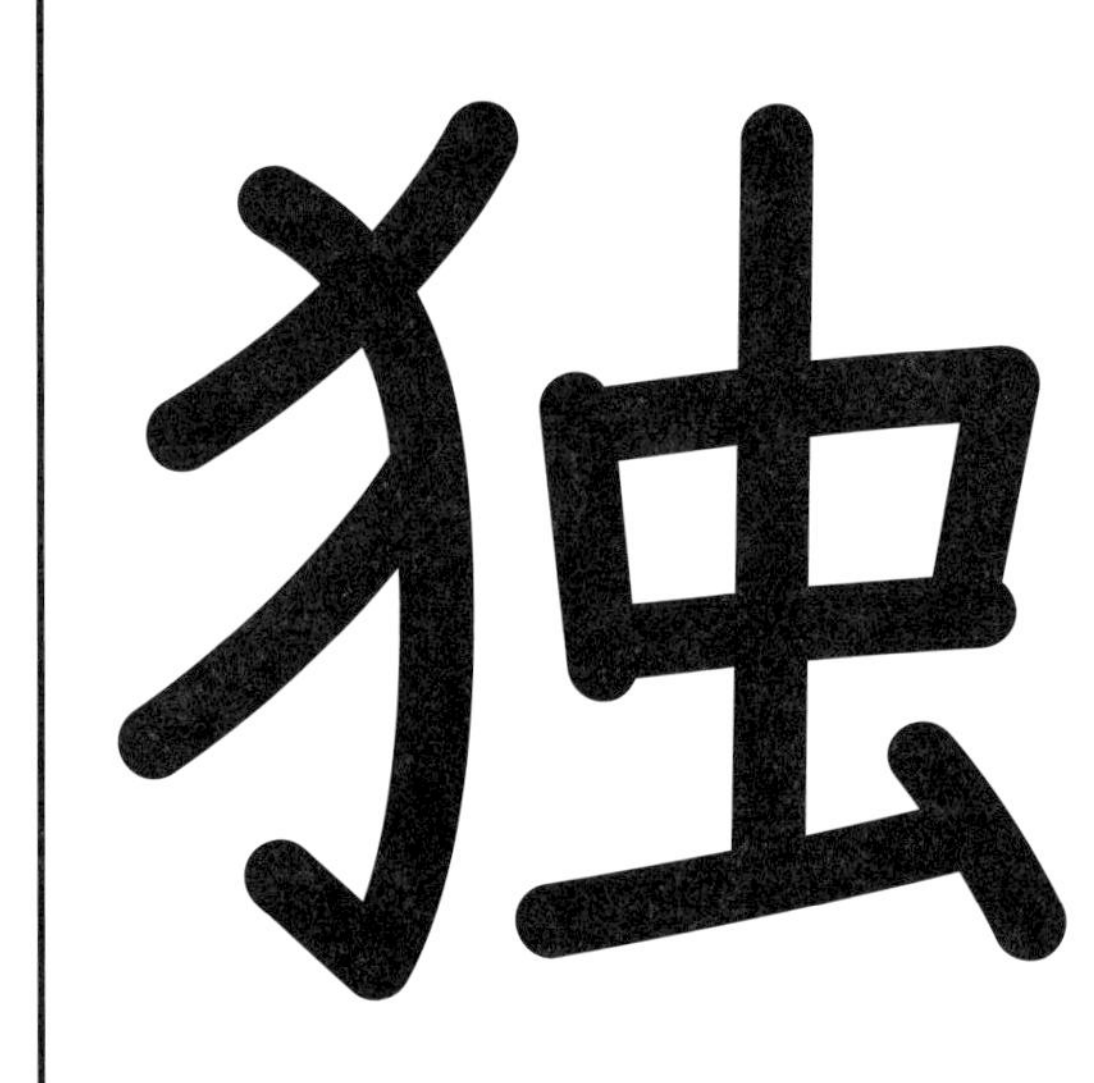

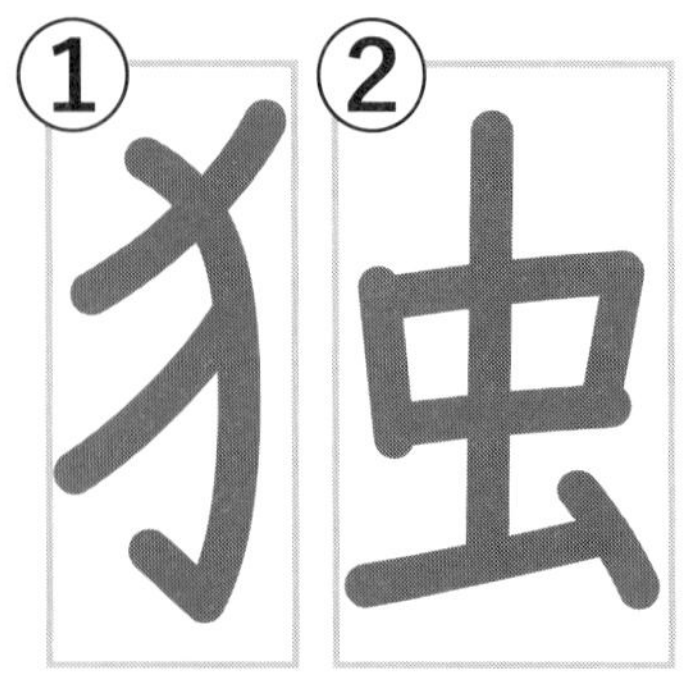

◆ひと－り
ドク

●独（ひと）りよがりはよくない。
親元（おやもと）をはなれて独立（どくりつ）する。

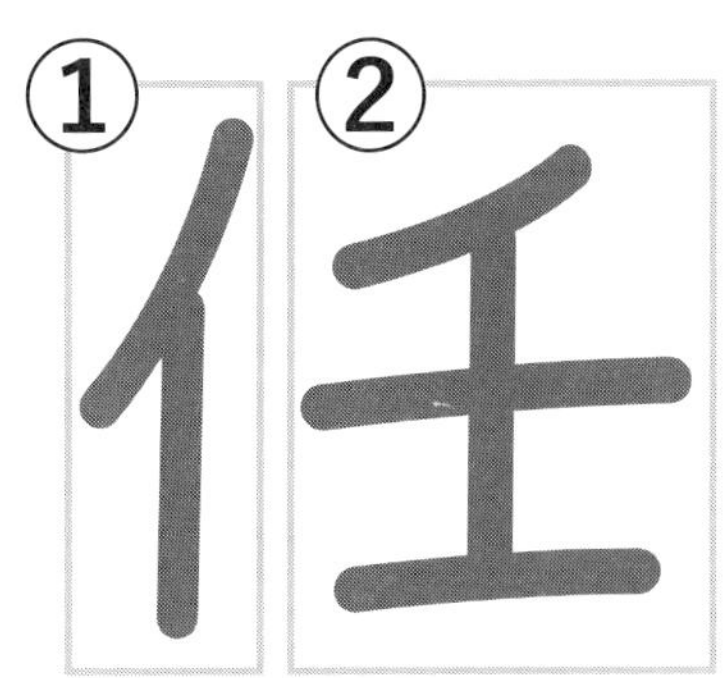

◆まか－せる、まか－す

ニン

●父(ちち)の判断(はんだん)に任(まか)せる。

仕事(しごと)を任(まか)す。

担任(たんにん)の先生(せんせい)

◆も－える、も－やす、も－す

ネン

●燃（も）えるごみ

落(お)ち葉(ば)を燃（も）やす。

石油(せきゆ)や石炭(せきたん)は化石(かせき)燃料（ねんりょう）と呼(よ)ばれる。

能

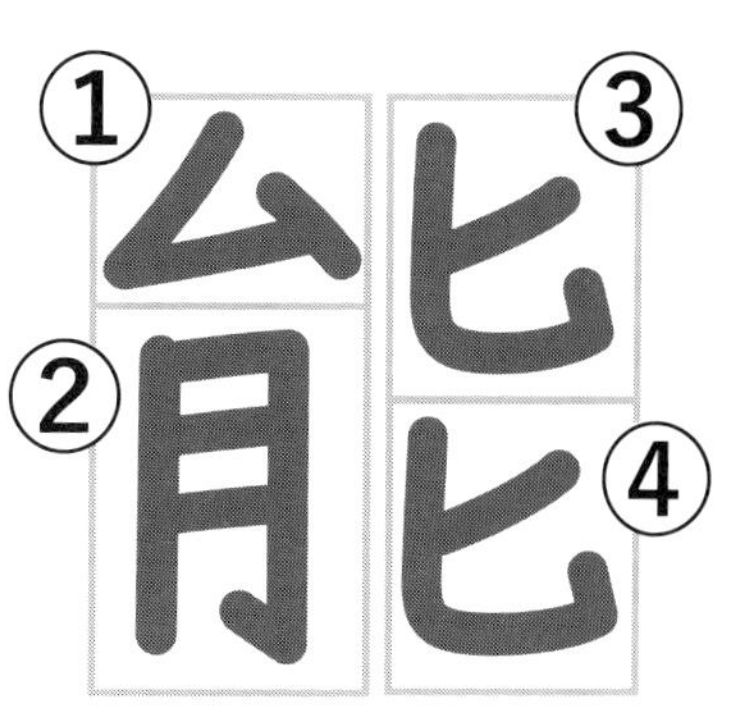

◆ ―

ノウ

●コミュニケーション能力（のうりょく）

可能性（かのうせい）を信（しん）じる。

才能（さいのう）にあふれた人物（じんぶつ）

よくできる／はたらき

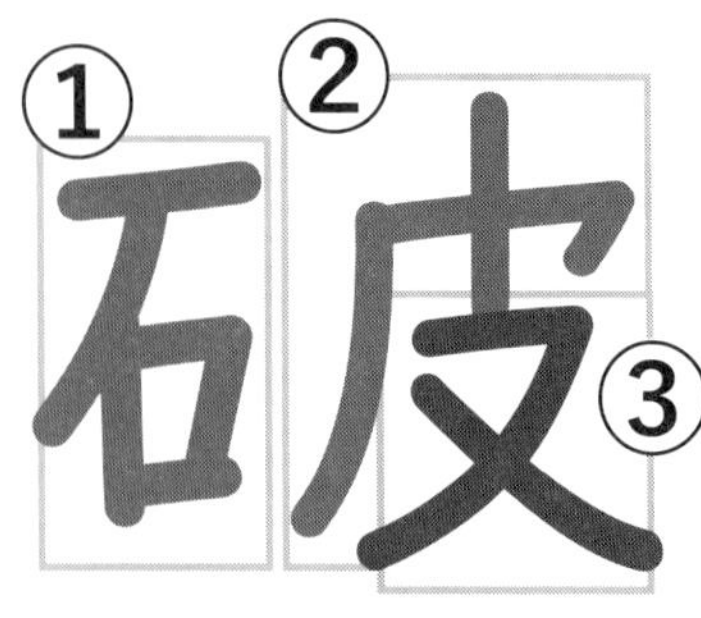

◆やぶ－る、やぶ－れる

ハ

●紙(かみ)を破（やぶ）る。

強敵(きょうてき)に破（やぶ）れる。

ガラスの破片（はへん）

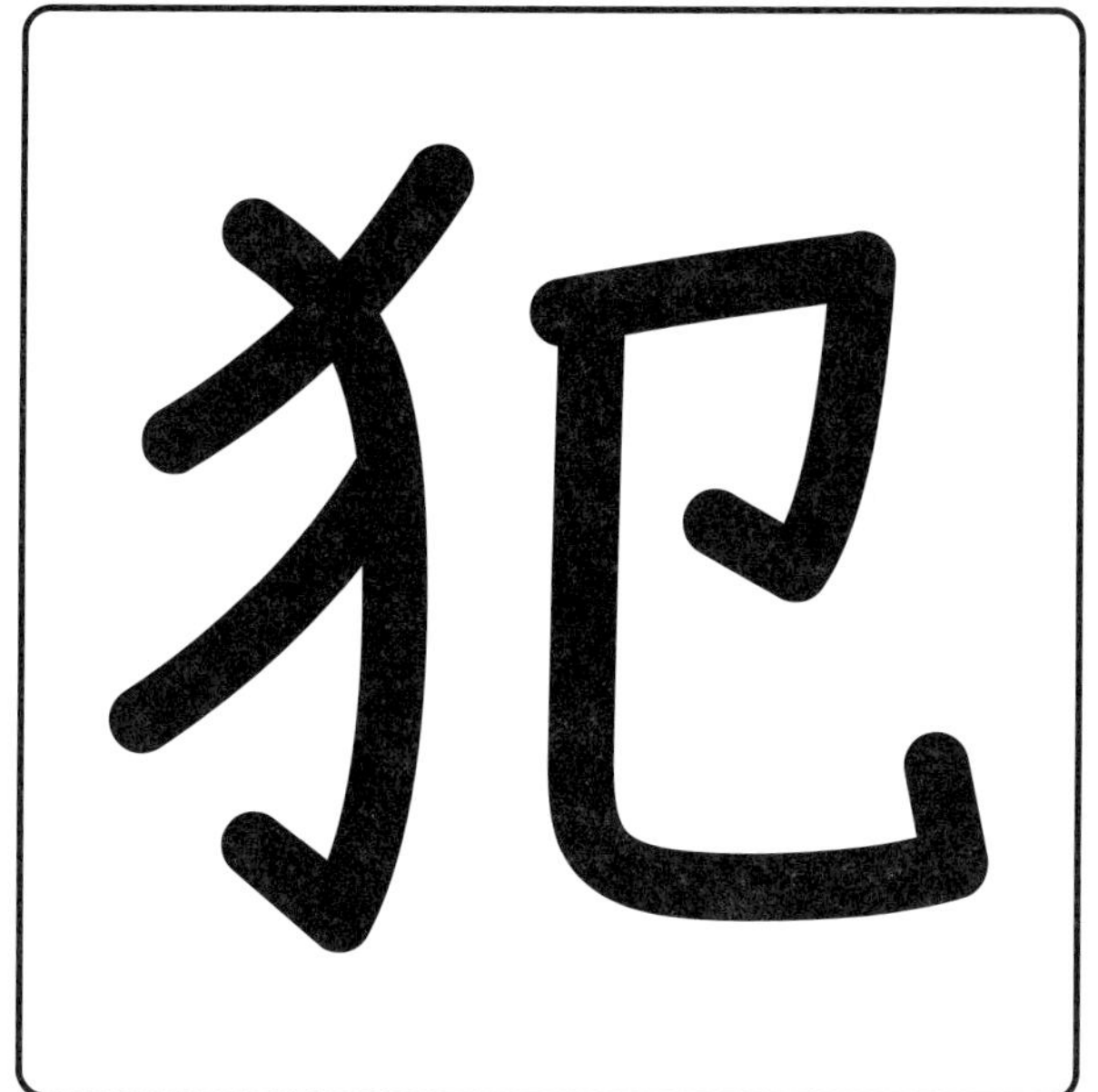

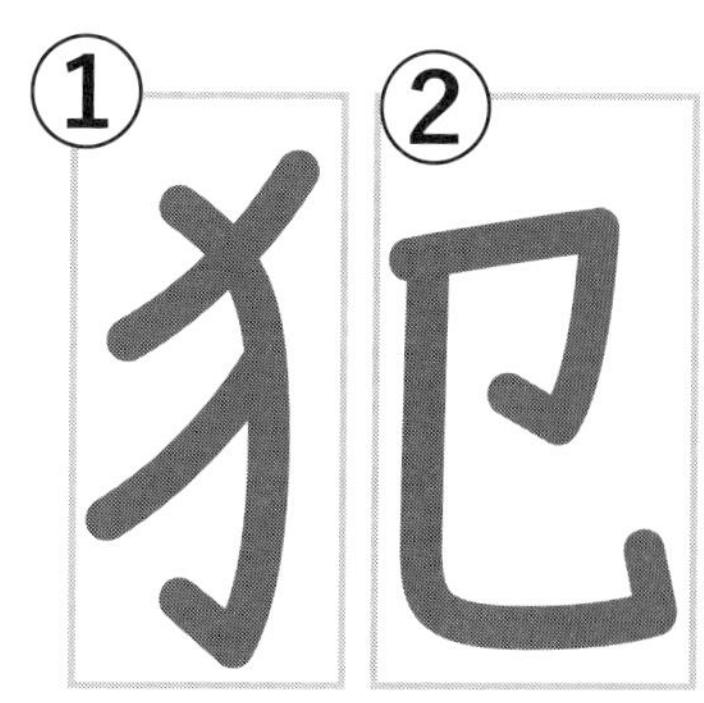

◆おか－す

ハン

●罪（つみ）を犯（おか）す。

犯人（はんにん）をつかまえる。

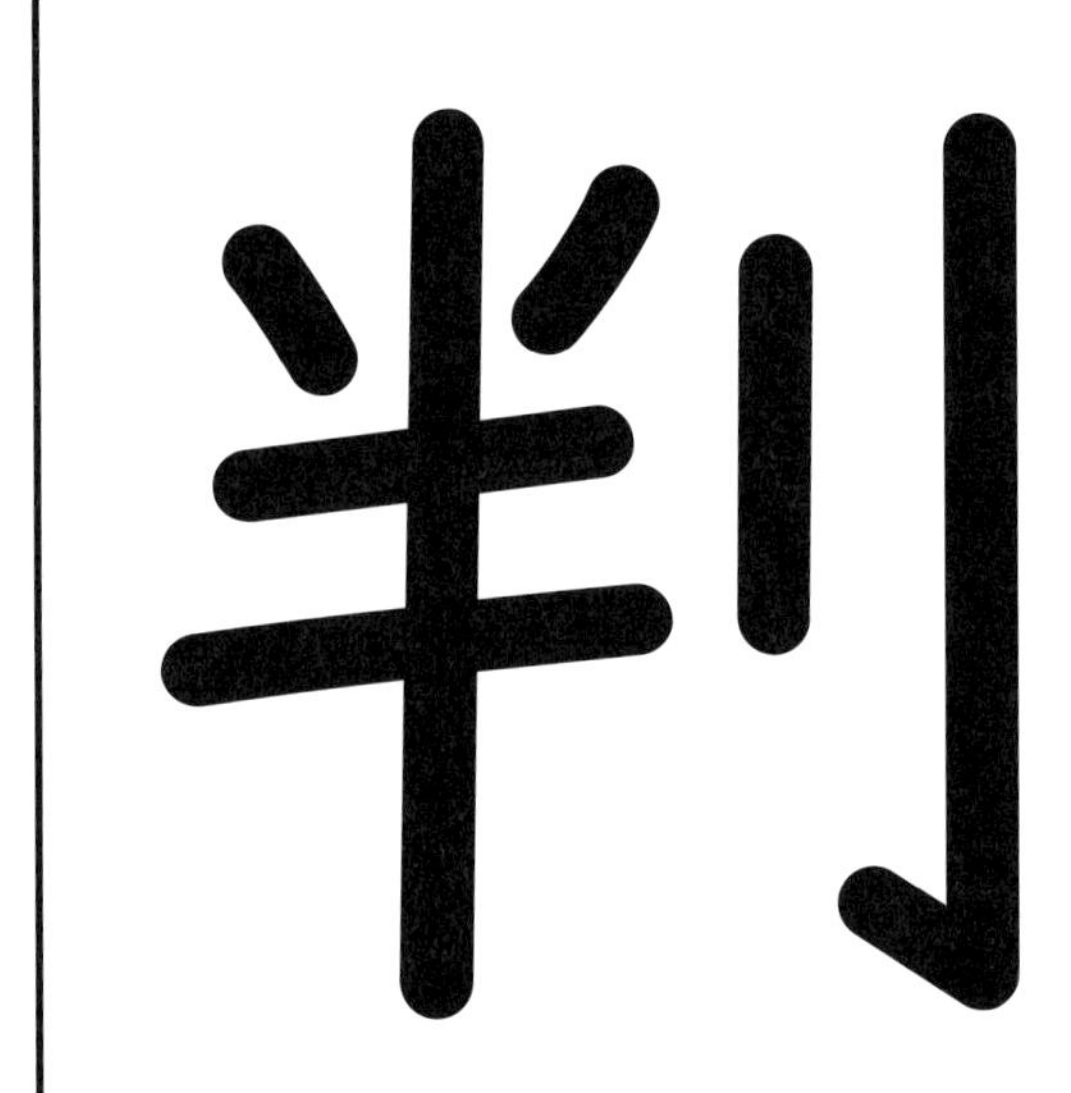

見分(みわ)ける／明(あき)らかになる

◆ ハン、バン

● 判断（はんだん）

評判（ひょうばん）の良(よ)い人

A(エー)4判（ばん）の用紙(ようし)

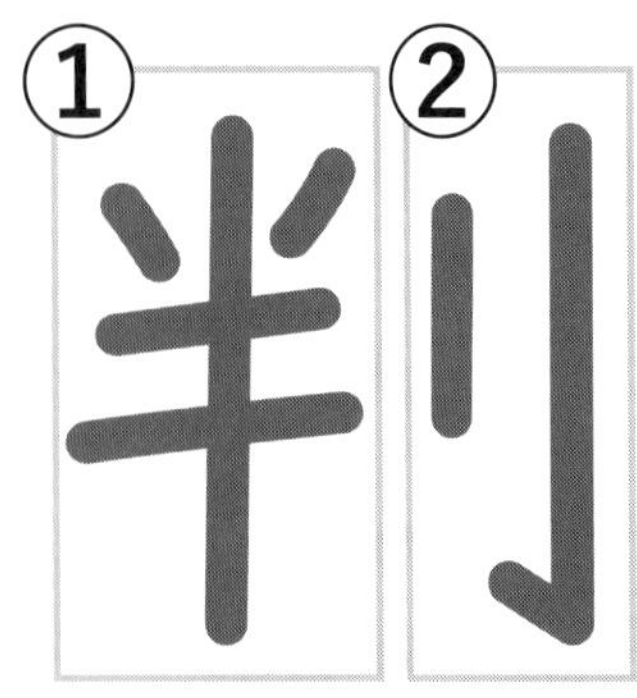

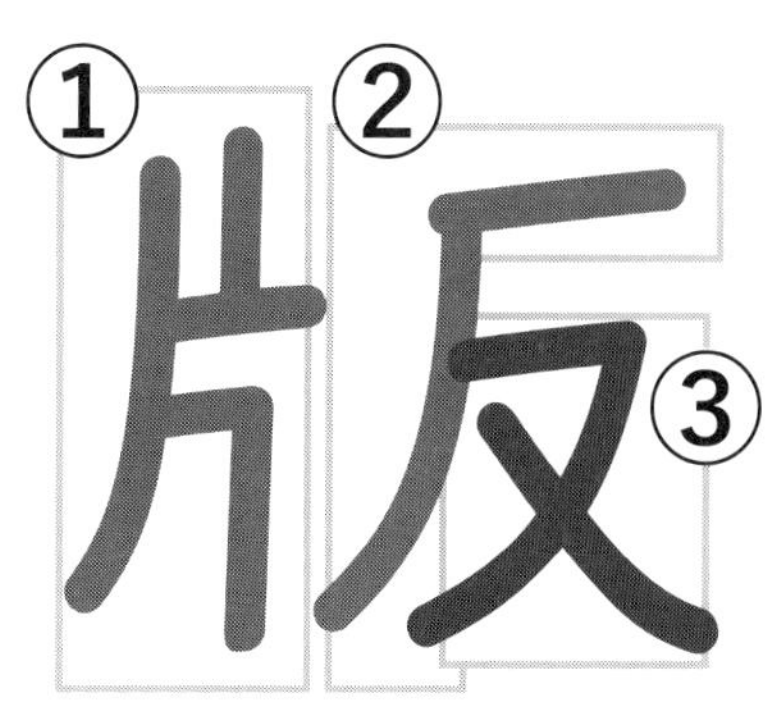

◆ —

ハン

●版画（はんが）

本（ほん）を出版（しゅっぱん）＊する。

印刷（いんさつ）のために彫（ほ）ったもの

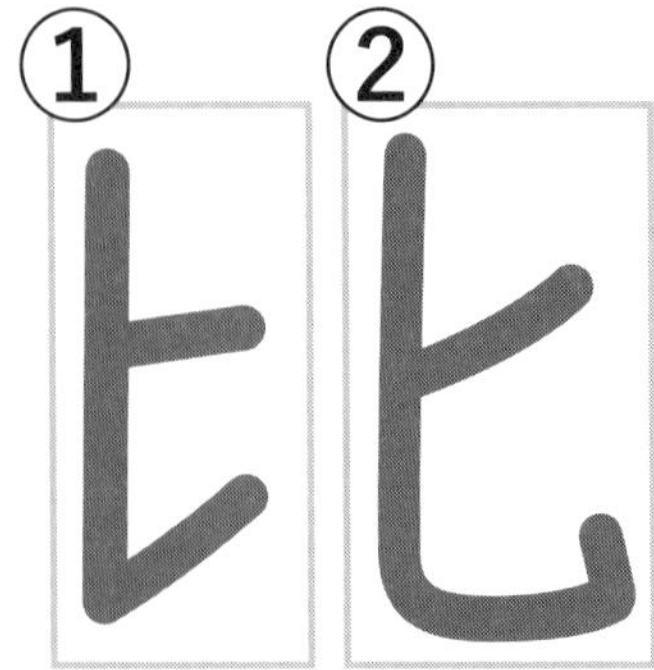

◆くら－べる

ヒ

●大(おお)きさのちがいを比(くら)べる。

対比(たいひ)する。

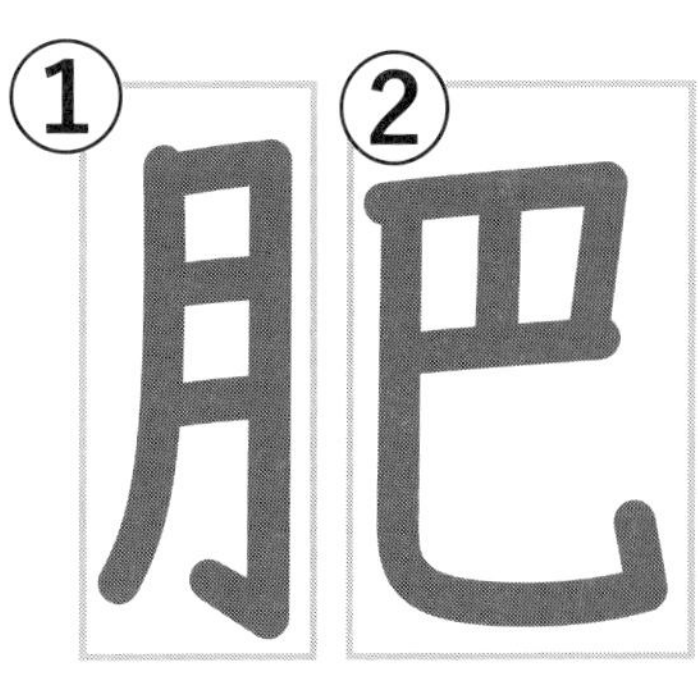

◆**こ**－える、**こ**－やす、

こ－やし、**こえ**

ヒ

●ブタが肥（こ）える。

世界《せかい》の名画《めいが》を見《み》て目《め》を肥（こ）やす。

つらい経験《けいけん》も人生《じんせい》の肥（こ）やしになる。

花《はな》に肥料（ひりょう）をやる。

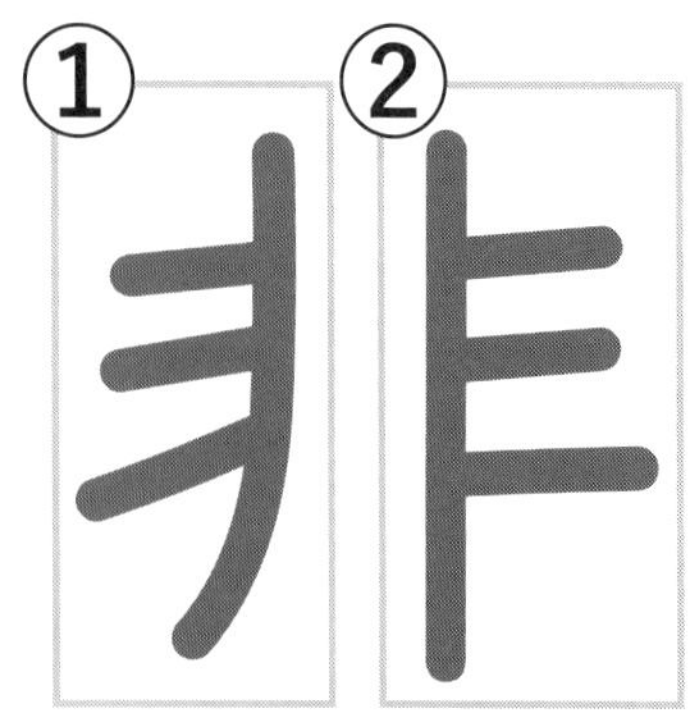

…でない／正(ただ)しくない

◆ー

ヒ

●非行（ひこう）

非常（ひじょう）ボタンをおす。

◆つい－やす、つい－える
ヒ

●長(なが)い年月(ねんげつ)を費(つい)やす。
財産(ざいさん)が費(つい)える。
費用(ひよう)

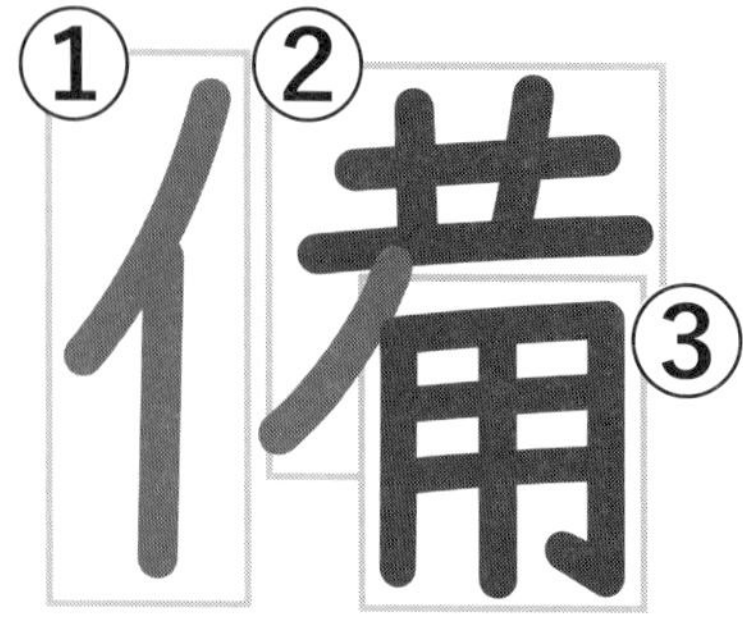

◆そな－える、そな－わる

ビ

●災害(さいがい)に備（そな）える。

言葉(ことば)の力(ちから)が備（そな）わる。

明日(あした)の準備（じゅんび）をする。

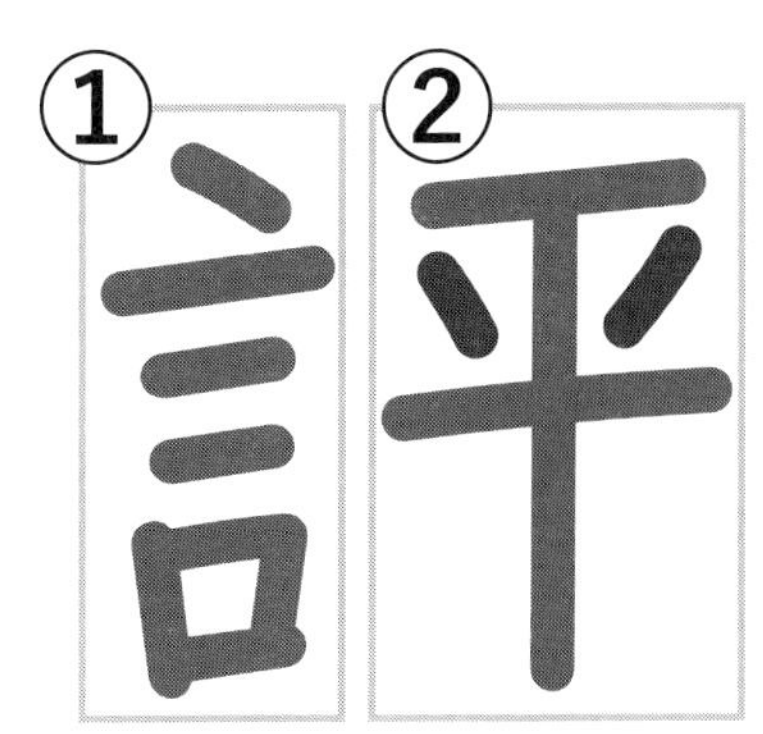

◆ ー

ヒョウ

●作品(さくひん)を評価(ひょうか)する。

評判(ひょうばん)の良(よ)い店(みせ)

物事(ものごと)の良(よ)い悪(わる)いを決(き)める

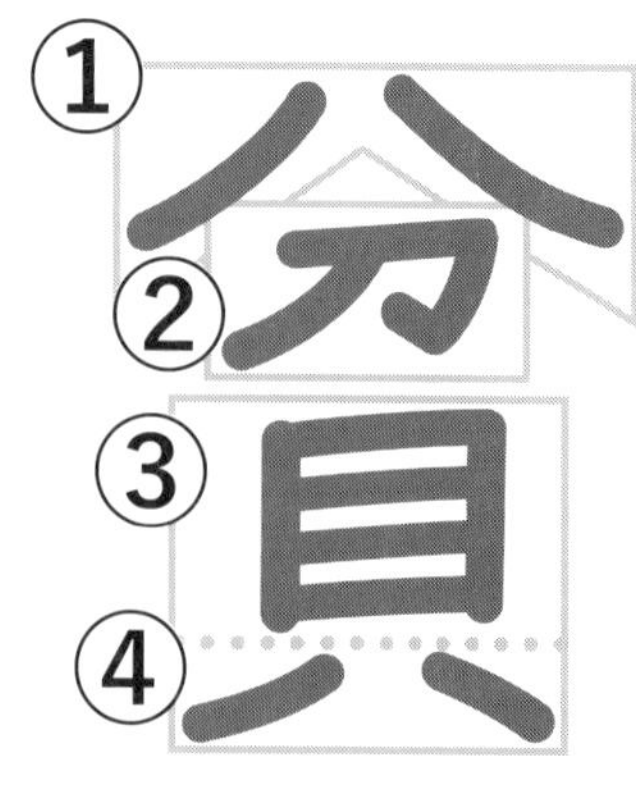

◆まず－しい

ヒン、ビン

●貧（まず）しい暮（く）らし

貧困（ひんこん）をなくす。

貧弱（ひんじゃく）な体格（たいかく）

子（こ）どものころは貧乏（びんぼう）だった。

◆ぬの
フ
●布製（ぬの せい）のバッグ
毛布（もう ふ）をかける。

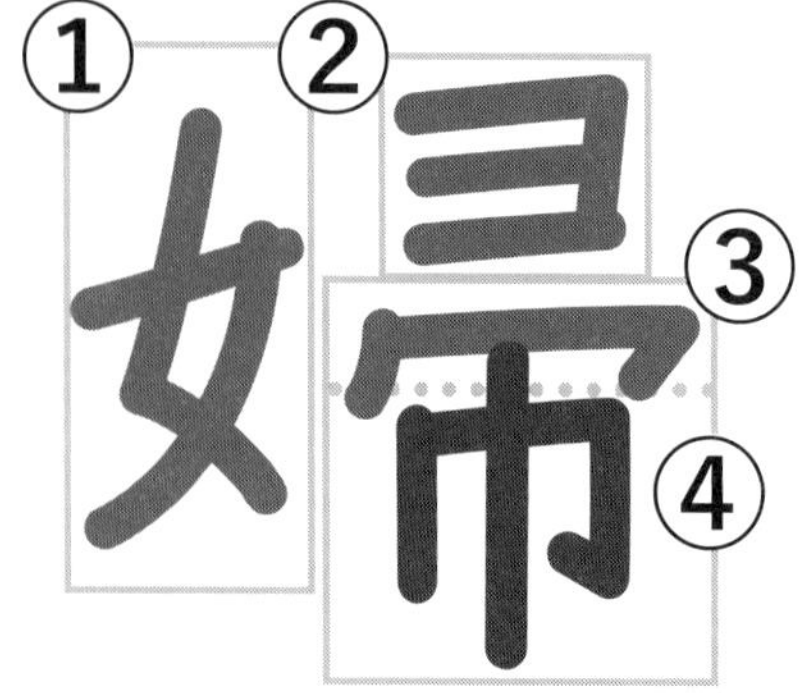

（結婚（けっこん）した）女（おんな）の人（ひと）

◆ ー
フ

● 婦人（ふじん）服（ふく）
夫婦（ふうふ）のきずな

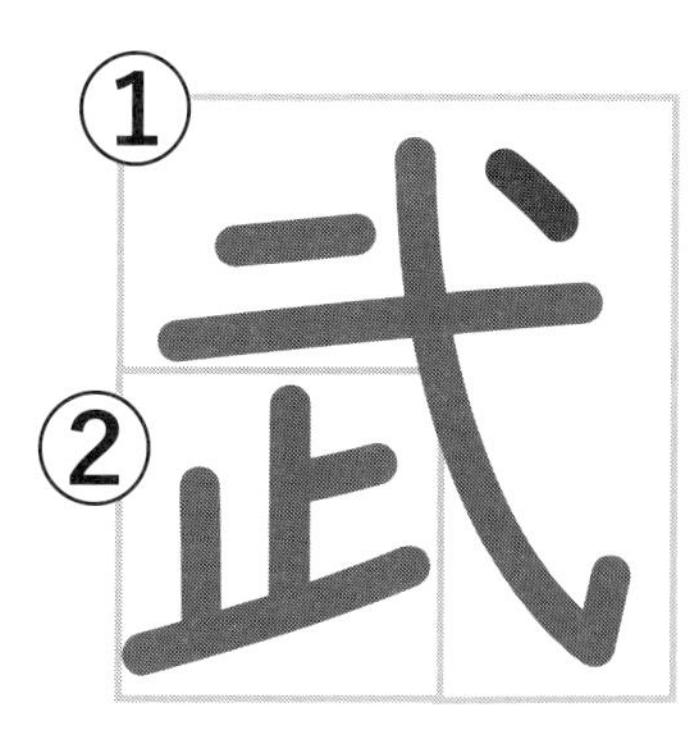

◆ —

ブ、ム

● 武士（ぶし）

武者（むしゃ）修行（しゅぎょう）に出（で）る。

勇（いさ）ましい／戦（たたか）い

ひき返す／くり返す

◆ ―

フク

● 病気が回復（かい ふく）する。

学校と家を往復（おう ふく）する。

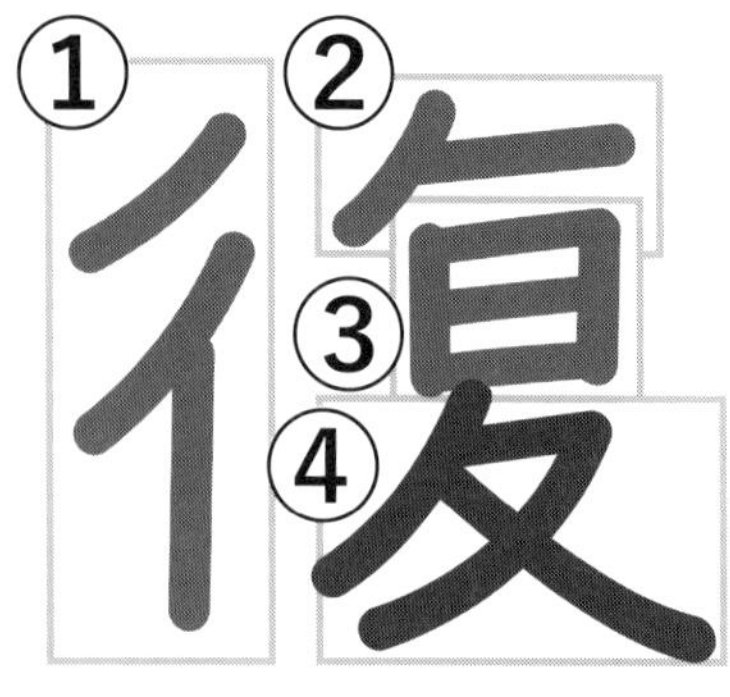

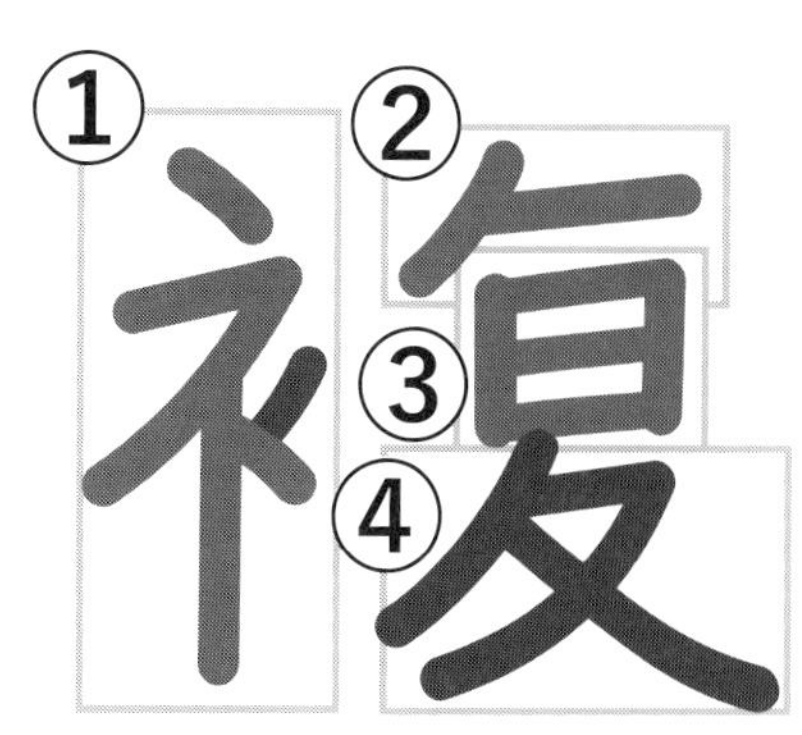

◆ ―

フク

● 複雑（ふくざつ）な仕組（しく）み

複数（ふくすう）の答（こた）えがある問題（もんだい）

重（かさ）なる／もう一度（いちど）…する

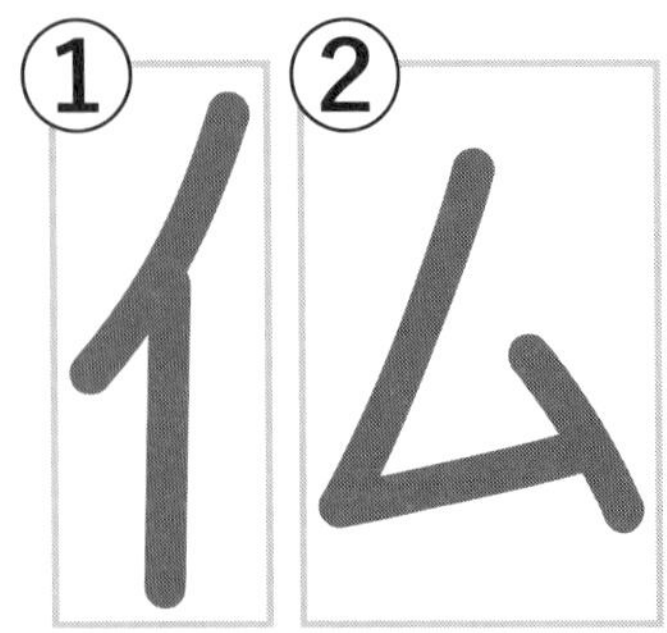

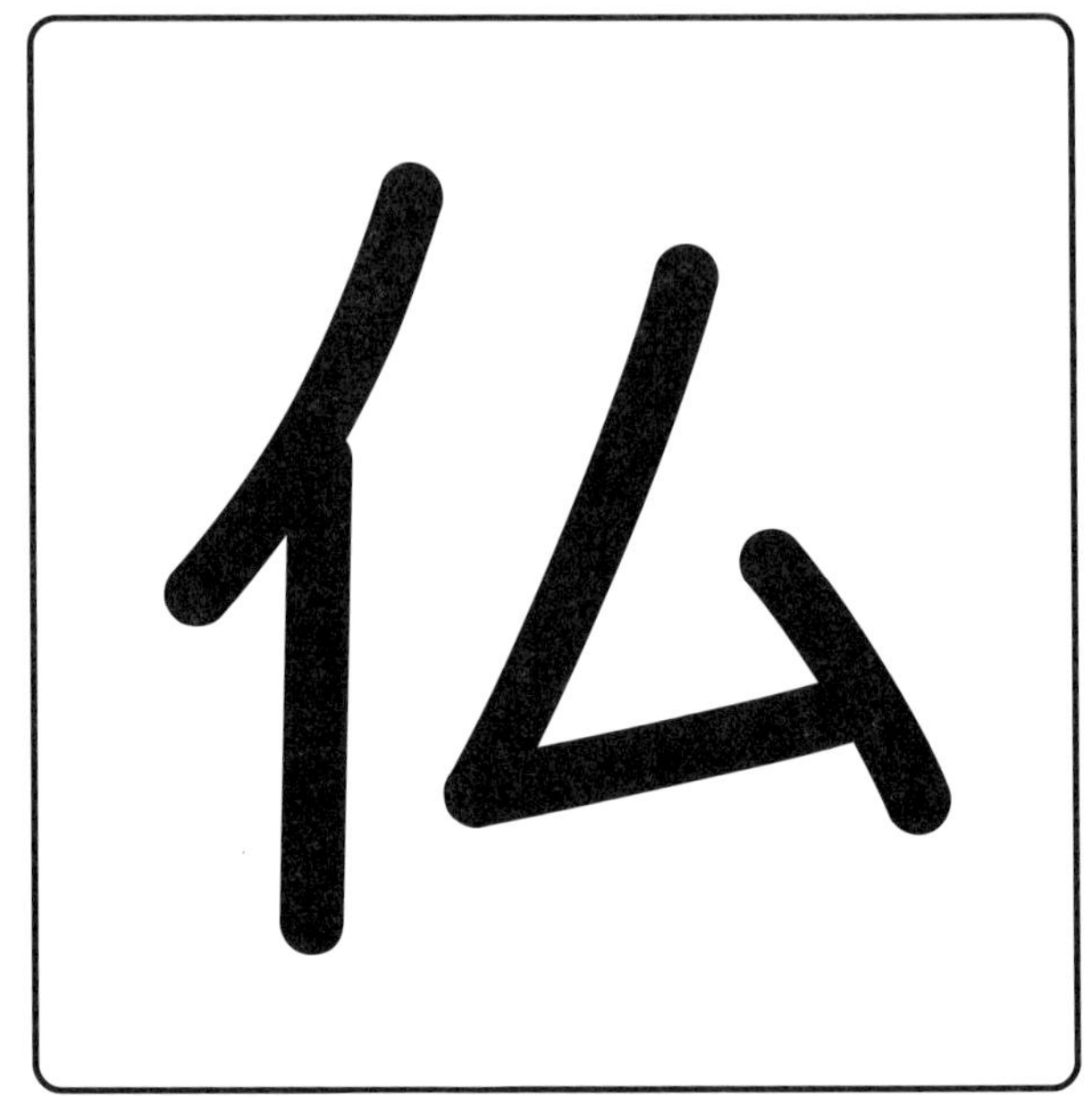

◆ほとけ
ブツ
●仏様（ほとけ　さま）を拝（おが）む。
大仏（だい　ぶつ）

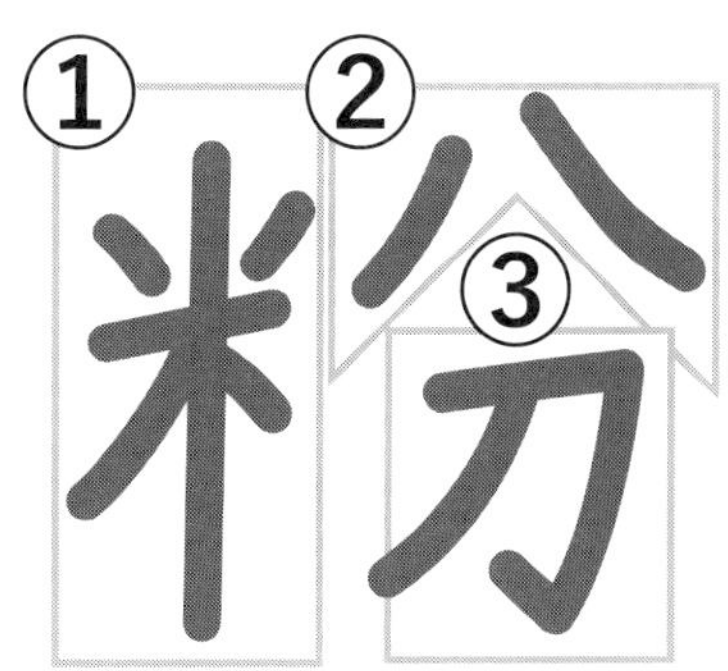

◆こな、こ
フン
●チョークの粉（こな）
小麦粉（こ むぎ こ）
粉末（ふん まつ）

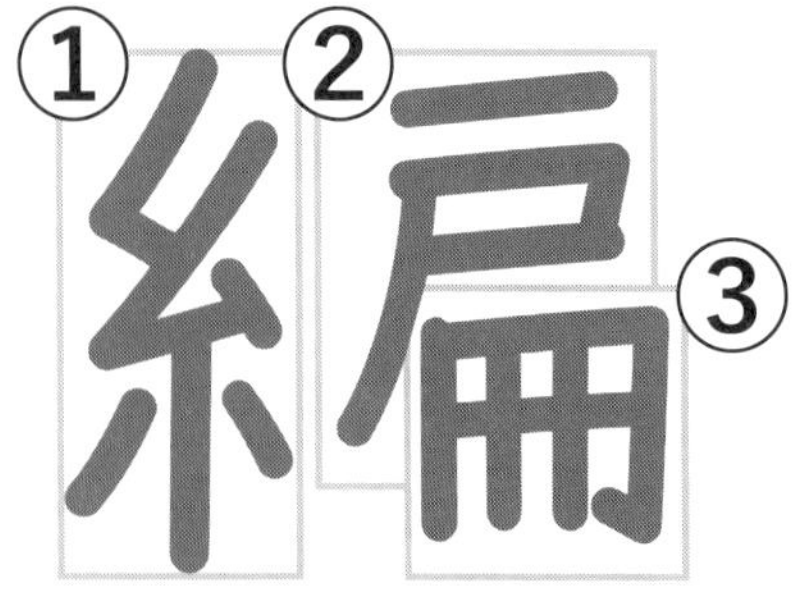

◆あーむ
ヘン

●セーターを編（あ）む。
雑誌（ざっし）を編集（へんしゅう）する。

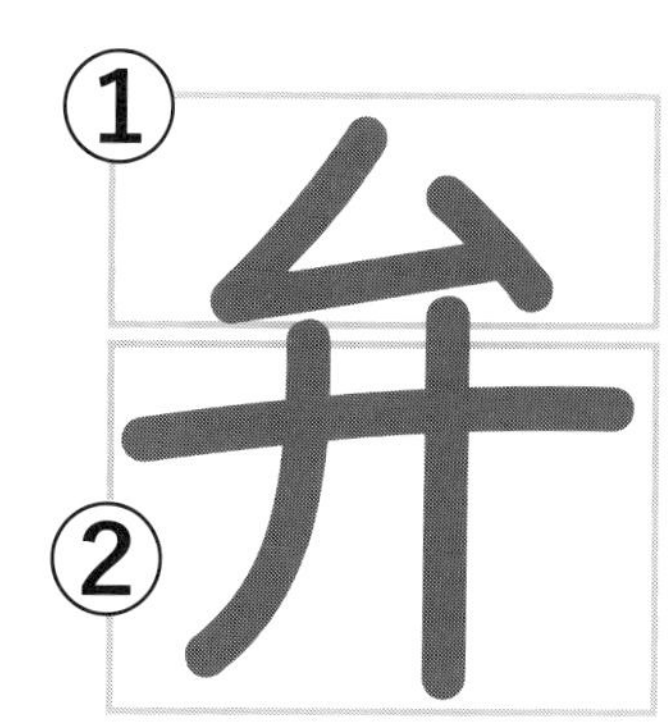

◆ ―

ベン

●弁護士（べんごし）

善悪（ぜんあく）を弁別（べんべつ）する。

弁当（べんとう）を食（た）べる。

申（もう）し開（ひら）く／見分（みわ）ける

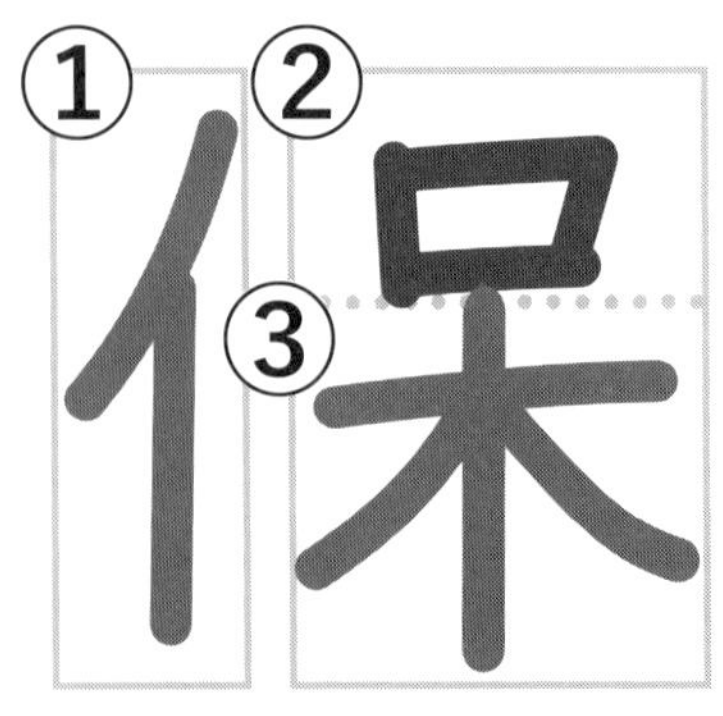

◆たもーつ

ホ

●バランスを保（たも）つ。

冷蔵庫（れいぞうこ）に保存（ほぞん）する。

保健（ほけん）体育（たいいく）

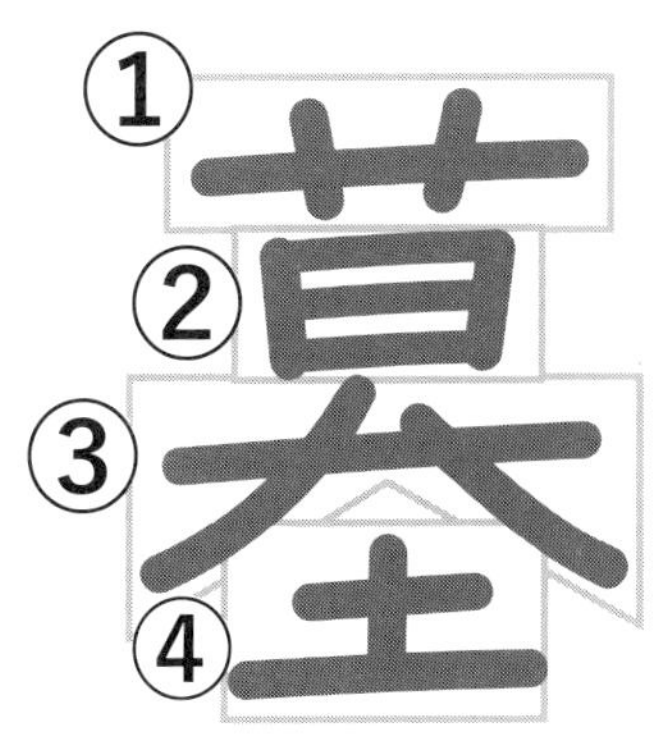

◆はか

ボ

●お墓（はか）参（まい）りに行（い）く。
墓地（ぼち）

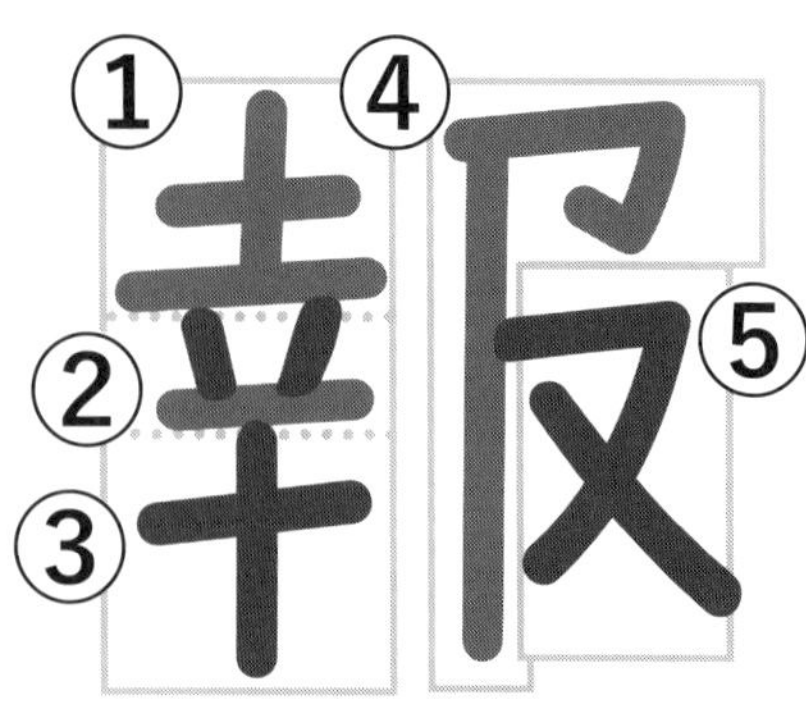

お返し(かえ)をする／知らせる(し)

◆むく－いる

ホウ

●努力(どりょく)に報（むく）いる。
先生(せんせい)に報告（ほうこく）する。

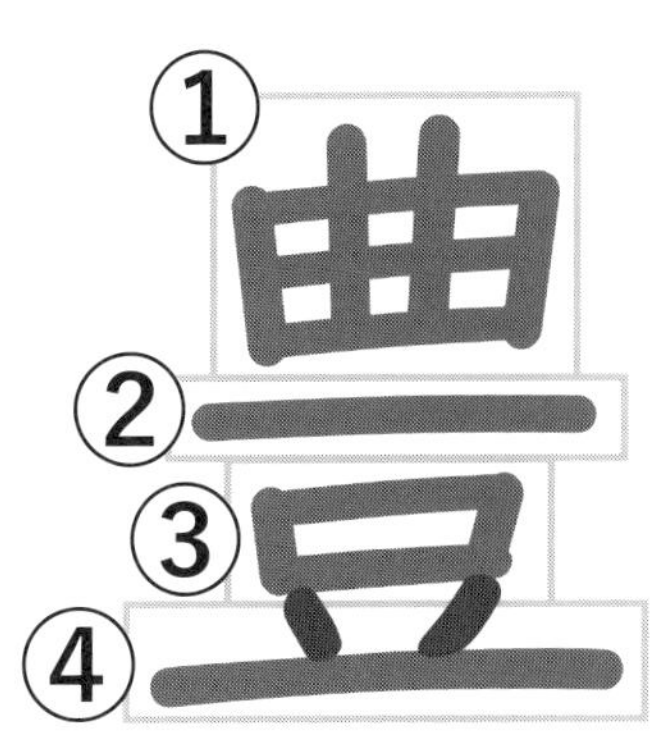

◆ゆた－か
ホウ

●豊（ゆた）かな生活（せいかつ）
米（こめ）が豊作（ほうさく）だった。

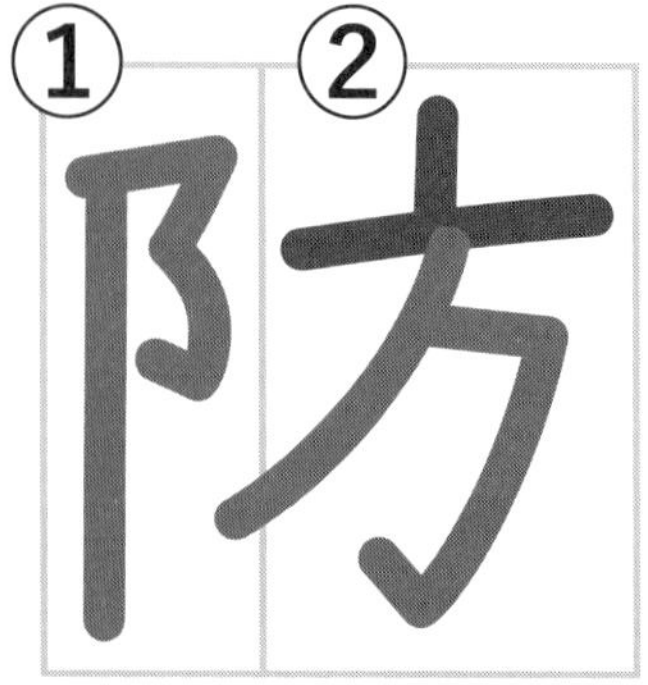

◆ふせーぐ
ボウ
●よごれを防（ふせ）ぐ。
事故（じこ）を防止（ぼうし）する。

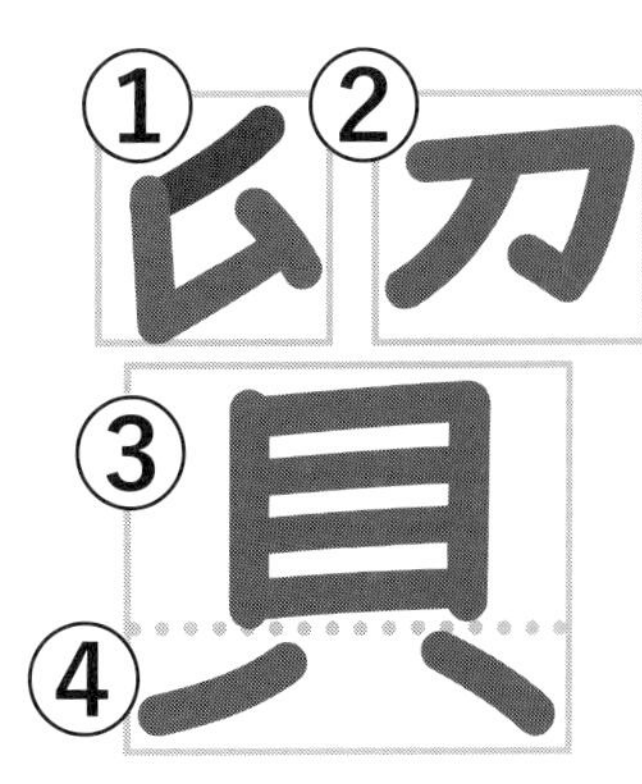

◆ —
ボウ

● 日本（にほん）はアメリカと貿易（ぼうえき）している。

ものを売（う）り買（か）いする

◆あば－れる、あば－く
ボウ、バク

●馬(うま)が暴(あば)れる。
秘密(ひみつ)を暴(あば)く。
暴力(ぼうりょく)をふるう。
不正(ふせい)を暴露(ばくろ)する。

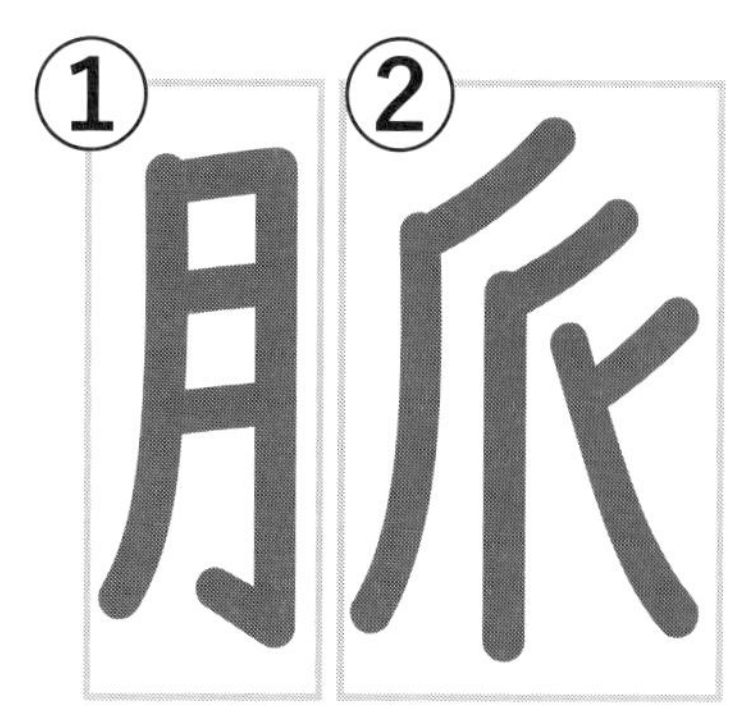

◆ —

● ミャク

動脈（どう　みゃく）

脈（みゃく）を測（はか）る。

山脈（さん　みゃく）

血（ち）がめぐるすじ／連（つら）なる

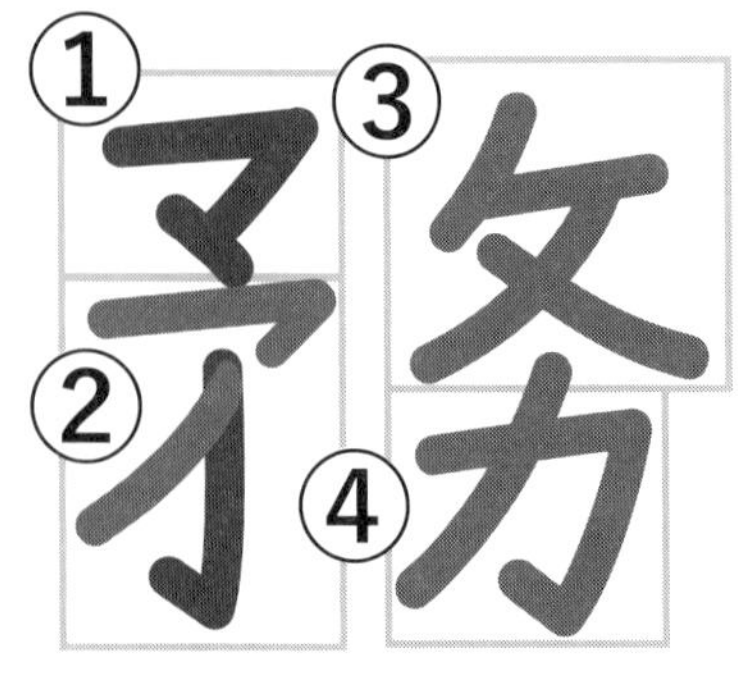

◆つと－める、つと－まる

ム

●司会（しかい）を務（つと）める。役目（やくめ）が務（つと）まる。

義務（ぎむ）を果（は）たす。

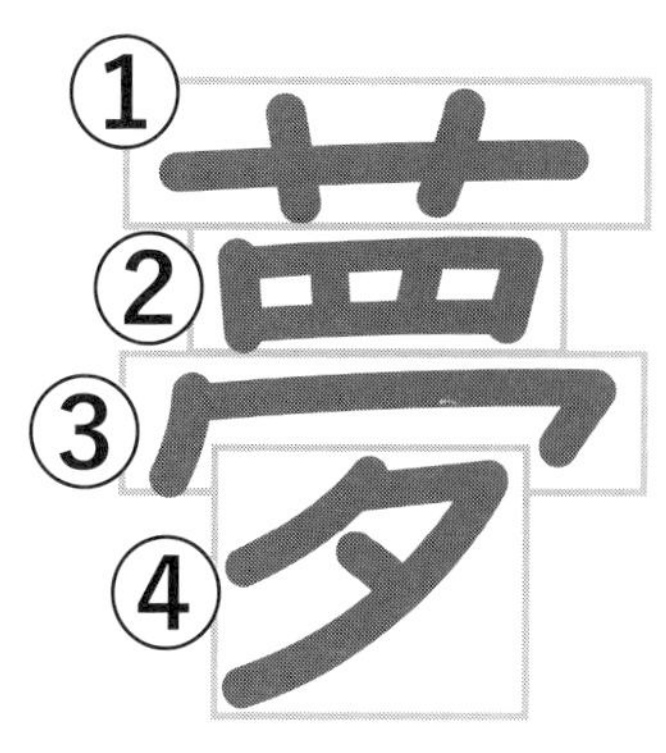

◆ゆめ

ム

●大（おお）きな夢（ゆめ）を持（も）つ。

夢中（むちゅう）になる。

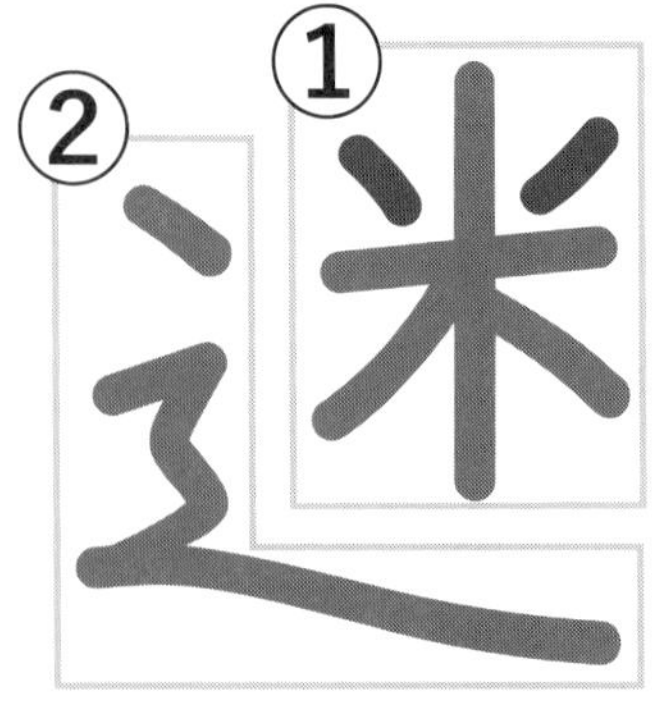

◆まよーう
メイ
●どちらを選(えら)ぶか迷(まよ)う。
迷路(めいろ)

綿

◆わた
メン

●綿（わた）のような雪（ゆき）
綿花（めんか）

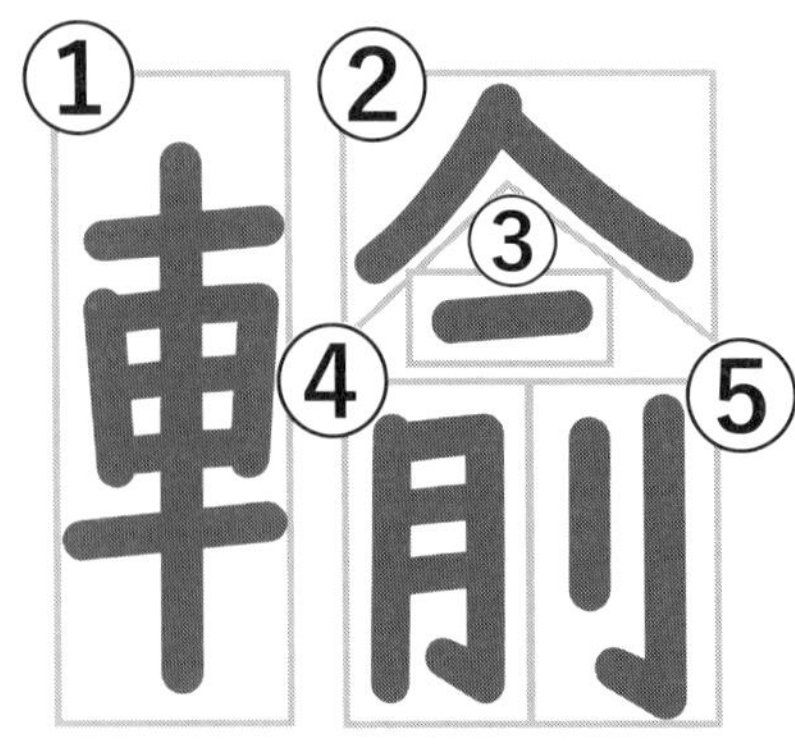

運(はこ)ぶ／ものを送(おく)る

◆ユ

●外国(がいこく)から果物(くだもの)を輸入（ゆ にゅう）する。

船(ふね)で原油(げんゆ)を輸送（ゆ そう）する。

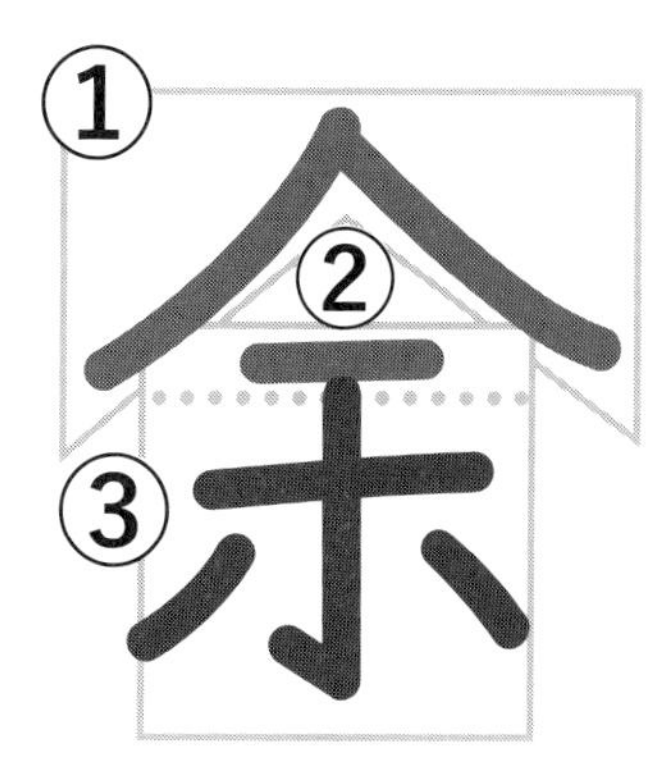

◆あまーる、あまーす

ヨ

●14を5で割(わ)ると4余(あま)る。

時間(じかん)を持(も)て余(あま)す。

余分(よぶん)なものを取(と)り出(だ)す。

14÷5=2…4

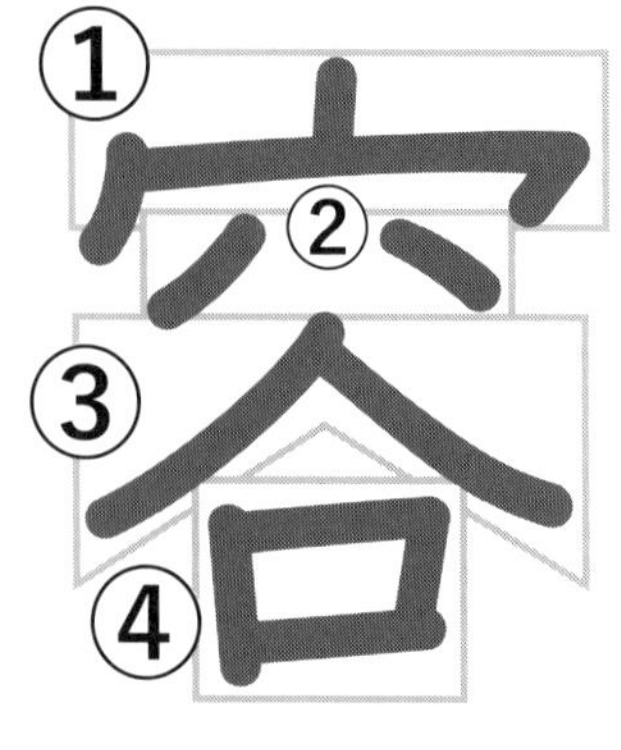

受け入れる／中身

◆ —

ヨウ

● 容積（ようせき）

内容（ないよう）

容易（ようい）に解ける問題

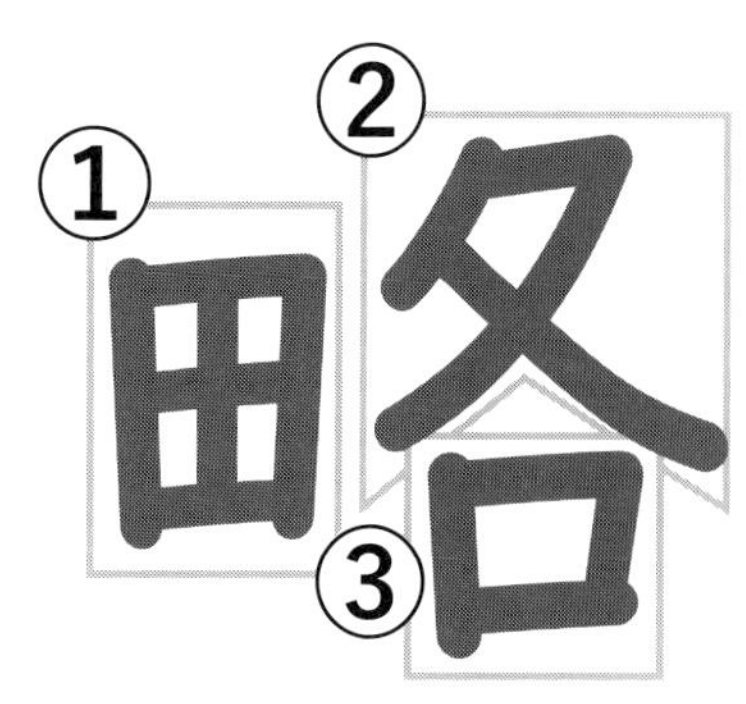

◆ ー

リヤク

●省略（しょう　りゃく）する。

敵（てき）の計略（けい　りゃく）にはまる。

はぶく／はかりごと

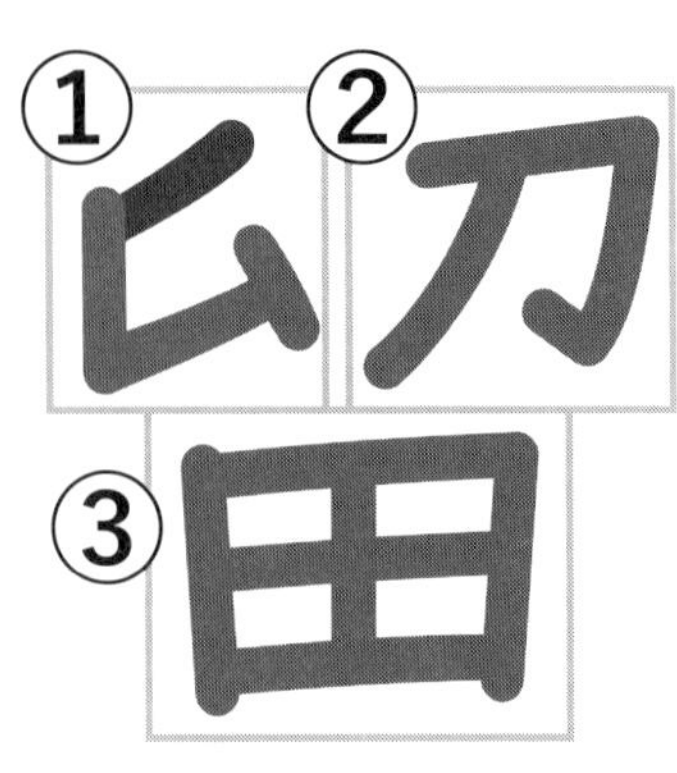

◆と－める、と－まる

リュウ、ル

●先生(せんせい)の言葉(ことば)を心(こころ)に留（と）める。

広告(こうこく)が目(め)に留（と）まる。

返事(へんじ)を保留（ほりゅう）する。

カナダに留学（りゅうがく）する。

留守（るす）にする。

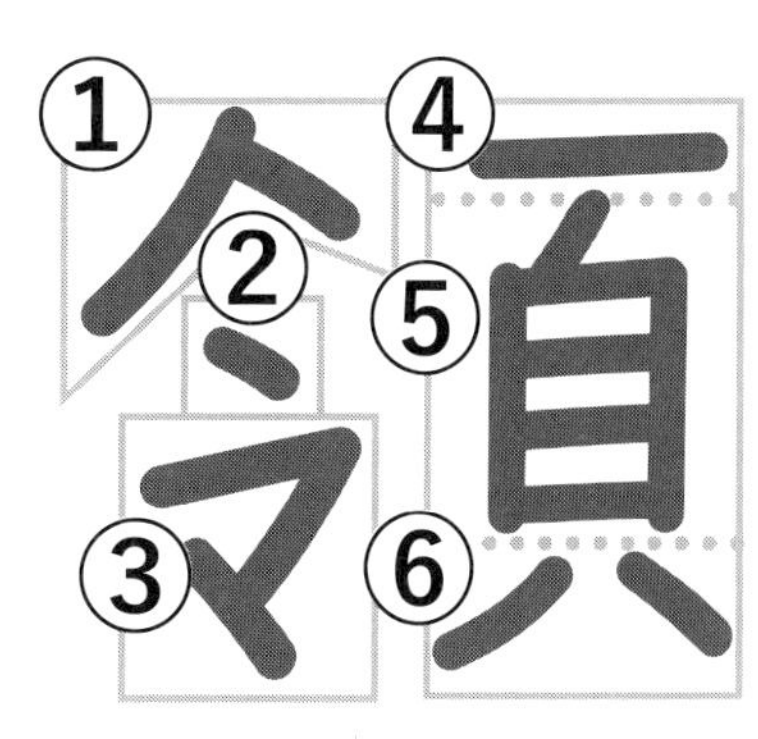

◆ —

リョウ

●ドライブの空き領域（りょう いき）を増やす。

領収書（りょう しゅう しょ）

自分のものにする

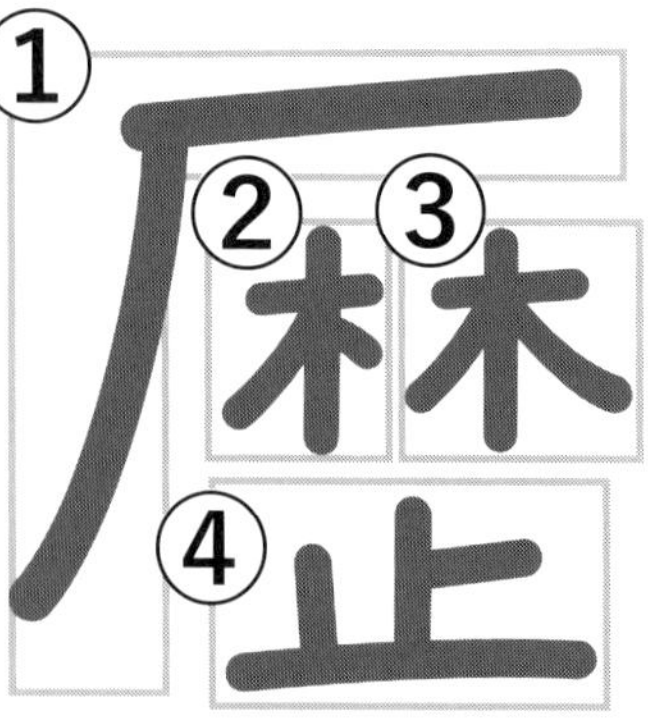

通り過ぎた事柄／順に

◆ —

レキ

● 歴史（れきし）

大臣を歴任（れきにん）する。

―大きな文字でわかりやすい―
小学生で習う漢字1026字
【5年　193字】

2023年11月1日初版発行

［発行・編集製作］
有限会社 読書工房
〒171-0031
東京都豊島区目白2-18-15
目白コンコルド115
電話：03-6914-0960
ファックス：03-6914-0961
Eメール：info@d-kobo.jp
https://www.d-kobo.jp/

［表紙・本文デザイン］
諸橋 藍
［フォント製作］
有限会社 字游工房
［本文イラスト］
近藤理恵
［表紙キャラクターデザイン］
森 華代
［内容構成に関する助言・内容チェック］
大隅紀子
三宅洋信
［用例作成・校正協力］
石井裕子
大隅紀子
［用紙］
株式会社 西武洋紙店
［印刷製本］
株式会社 厚徳社
［出版助成］
一般財団法人 日本児童教育振興財団